アプローチもデータ重視でロジカルに

アプローチは
「感性が大事」と言われるが、
欧米では弾道計測器の
データを元に
ロジカルに考えるのが常識。
アプローチもロジカルに!

距離感の基本は球の高さのコントロール

アプローチにおいては球の高さは距離とほぼ比例関係にある。球の高さをイメージすることは距離をコントロールするうえで非常に重要で不可欠な要因だ。

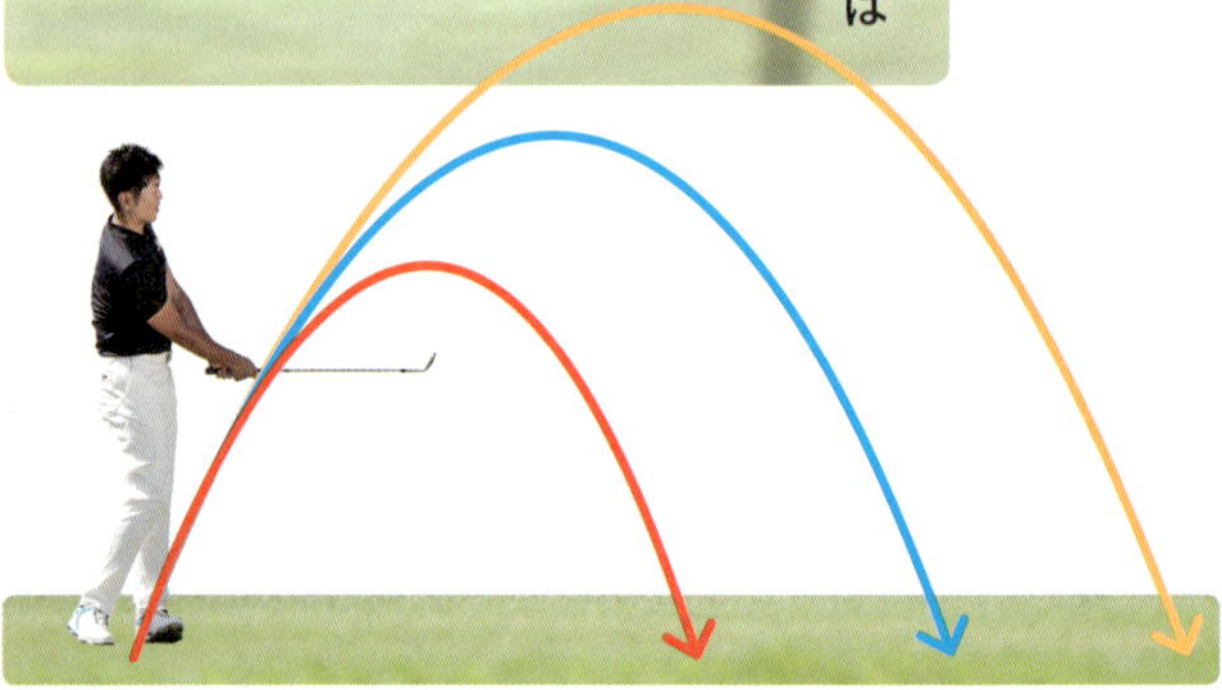

球の高さは打ち出し角とスピン量

距離感を司る「球の高さ」は
ボールの打ち出し角や
スピン量に大きく影響される。
それらをコントロールする感覚は
アプローチの上達には不可欠だ。

上半身の使い方
3つのタイプ

15ヤード以下の短いアプローチは
下半身は使わず上半身の動きで打つ。
上半身の使い方は3タイプあり
自分に合ったものを選ぶことが大事。

手首を使わず胸郭を中心とした振り子運動でスイング。等速のイン・トゥ・イン軌道で、ゾーンでボールをとらえる

ボールを右寄りに置き、左肩を支点とした振り子運動でヘッドを真っすぐ動かすイメージ。インパクト後は手元を押し込む

右サイドに支点を置き、手首のコックを使って打つ。上めからヘッドを入れてヒットするタイプと横から払うタイプがある

パターのように振る「振り子型」

手首は
固めて
胸で回転

真っすぐ軌道の「直線型」

手元を
真っすぐ
押し込んで
いく

インパクト重視の「リスト型」

手首を
使って
ヘッドを
出す

下半身の使い方 2つのタイプ

下半身の使い方は大きく2タイプ。上下動を使ってスイングするタイプとその場で回転してスイングするタイプ。これも自分に合ったものを選ぼう。

伸び上がりながら打つ

腰の回転が少ない

インパクトで腰があまり回らないタイプの人は、バックスイングで沈み込み、ダウンスイングからフォローにかけて伸び上がる上下動を使ってスイングしよう

その場でカラダをクルッと回す

腰の回転が大きい

インパクトで腰が大きく回るタイプの人は、その場で回転するイメージで下半身を使おう。左足のカカトを軸に、股関節の内外旋で回転するのがポイント

沈んで伸び上がる「上下型」

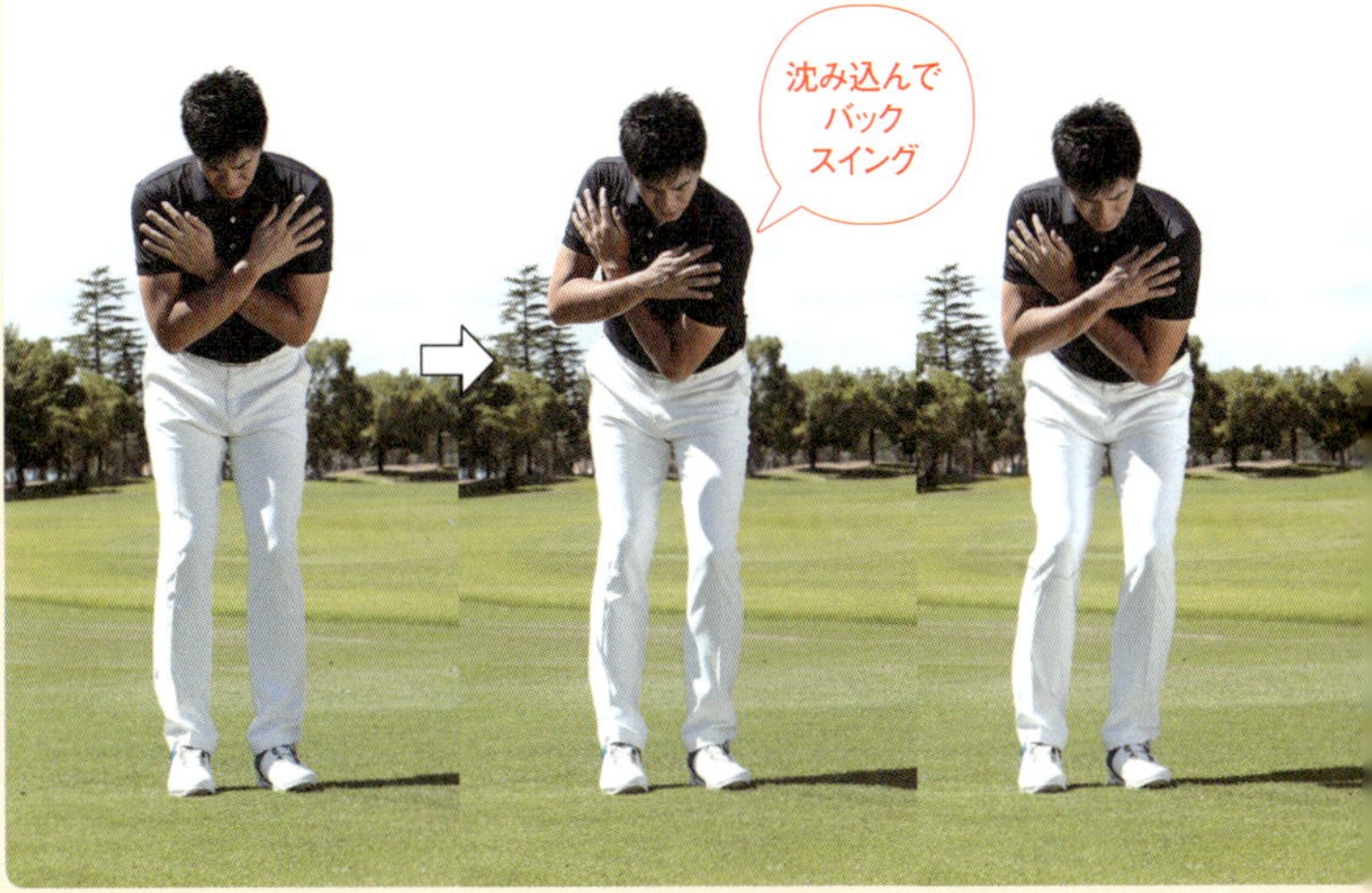
沈み込んで
バック
スイング

その場でクルッと「回転型」

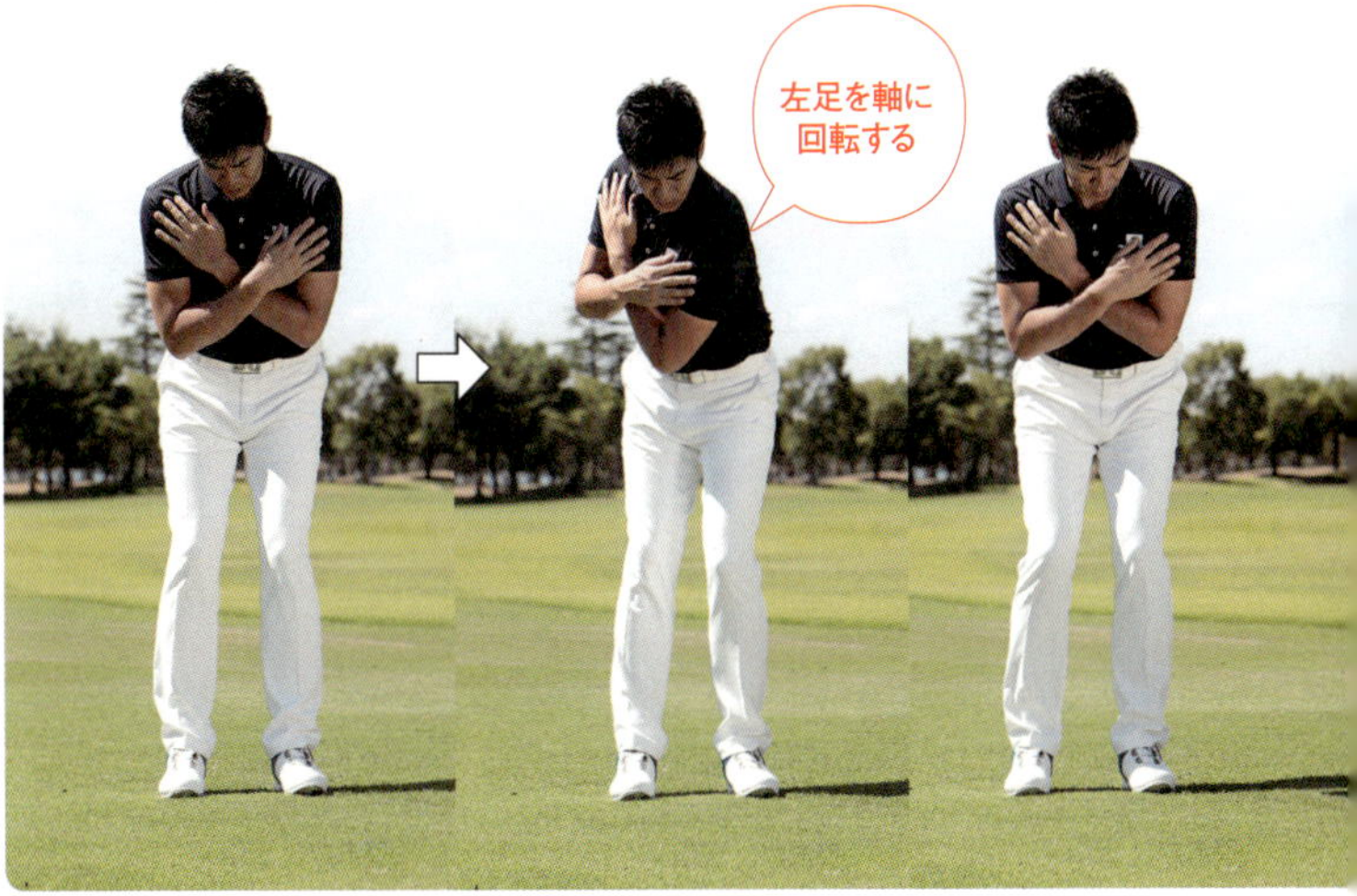
左足を軸に
回転する

ボール位置によって打ち方もアレンジ

ボール位置を普段よりも左右に動かすことで、
ヘッドの入射角をコントロールできる。
右に置けば鋭角に、左に置けば鈍角になる。

左寄り→
手首をフリック

ヘッドの入射角をゆるやかにするためにボール位置を左にしたら、ダウンスイングで早めに手首をリリースし、ハンドファースト弱めにインパクト。フォローでは、手首をフリックするようにヘッドを出していく

右寄り→
リリースせず押し込む

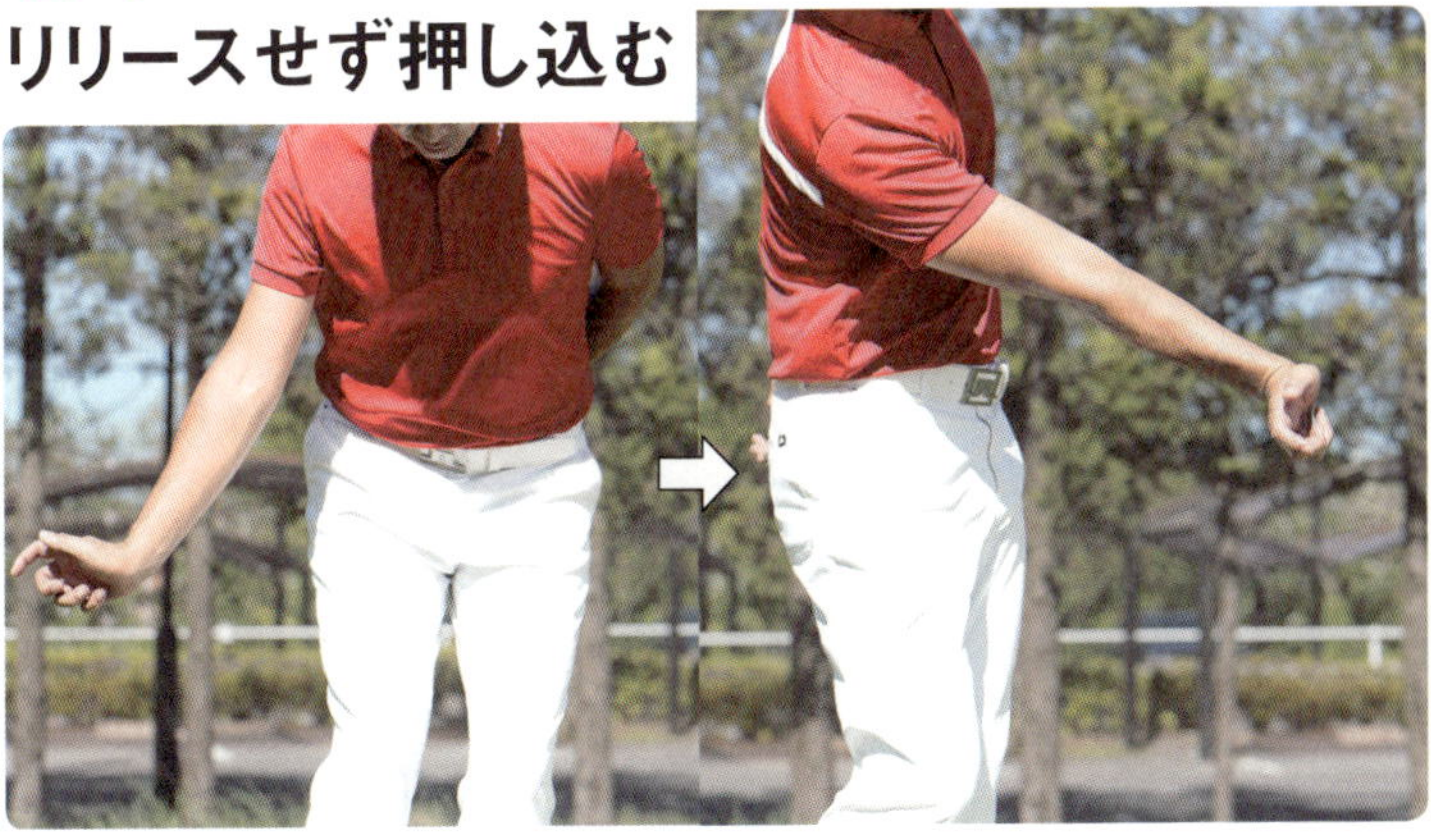

ヘッドの入射角を鋭角にするためにボール位置を右にしたら、ダウンスイングで手首をリリースせずに手元を押し込むようにハンドファーストにインパクト。そのまま手首をほどかずに押し込むようにフォローを出していく

意図した振り幅を正しく振ろう

距離感をコントロールするうえで、自分の意図した振り幅を正しく振れることは必須条件のひとつ。

まずはクラブを持たずに「イチ、ニ」のリズムで腕とカラダを同調させてスイングする。次にクラブを持っても同じリズムで意図した振り幅を振る。ヘッドの位置を目視したり動画などでチェックしよう

フェースの向きをコントロールしよう

アプローチでは、フェースの向きをコントロールする感覚も不可欠。しっかり練習して身につけよう。

まずはバックスイングやフィニッシュでフェースの向きを目視してチェックしながらスイング。次は目をつぶってフェースの向きを感じながらスイングするなどして感覚を磨こう

バンスを使って ソールを滑らせる

バンスを使ってソールを滑らせる打ち方は、アプローチの基本。ゆるやかな入射角で手前からゾーンでボールをとらえよう。

ウエッジのバンスを生かして打てれば、ダフリのミスは減って結果が安定する。ハンドファーストが強くならないよう、リリースを早めにして払い打とう

バンカーショットは
ボールの下に
ヘッドを届かせる

ボールの手前にバンスから接地し、ボールの真下までヘッドを届かせることが大事。必要以上に鋭角に打ち込まなくてもOK

バンカーショットを成功させるには
ボールの真下にヘッドを潜り込ませ、
砂とボールを一緒に打つことが重要。
インパクトのイメージを正しく持とう。

砂がやわらかければ
フェースを開いてサッと打つ

砂がやわらかいときは、フェースを開いてゆるやかな入射角で打つ。ヘッドをあまり深く潜らせずに砂を切るようにヘッドを走らせる。

砂が硬ければボールを右に置いて打ち込む

砂が硬いときは、フェースを開かずボールを右寄りにセットしてリーディングエッジから鋭角に打ち込んでヘッドを深く潜らせる。

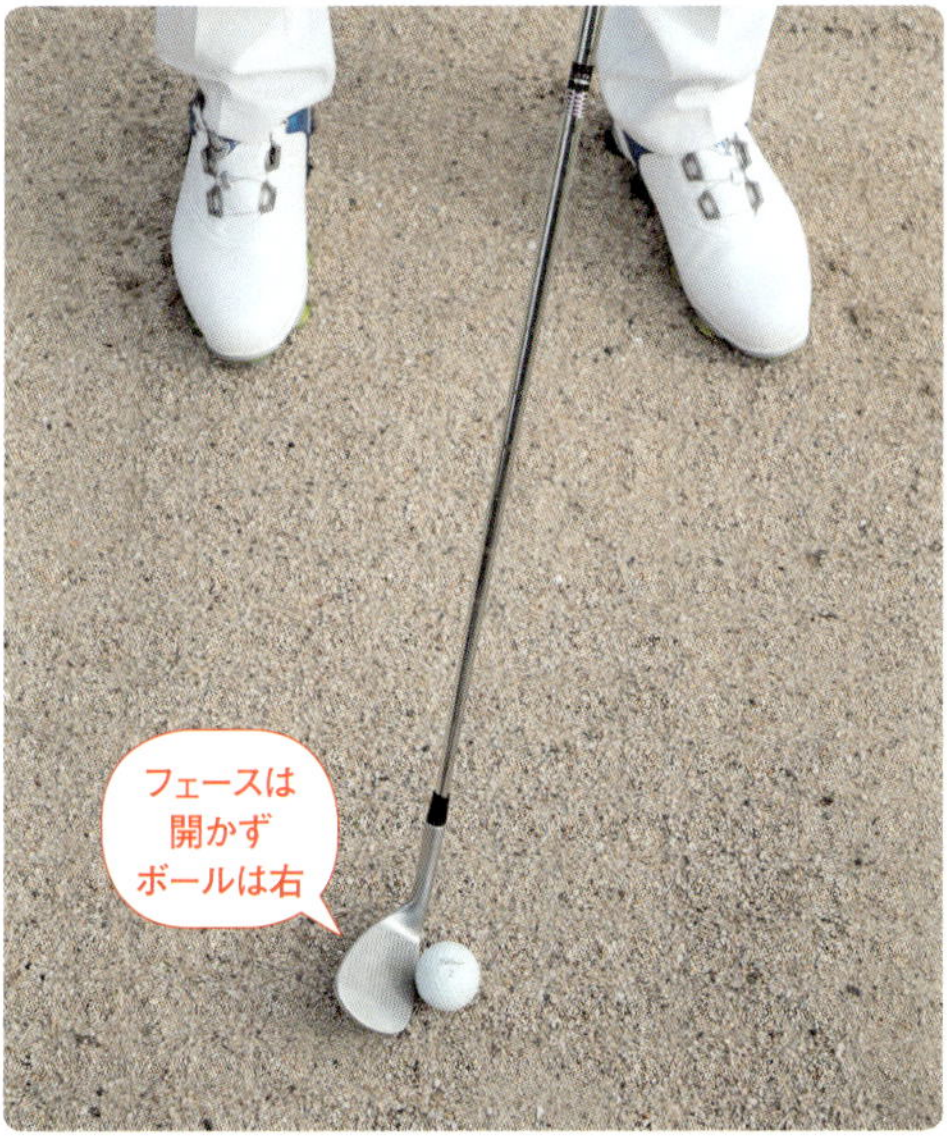
フェースは
開かず
ボールは右

上から
鋭角に
打ち込む

刃から砂に
潜らせる

バンカーはアドレスで距離を打ち分ける

バンカーからの距離の打ち分けはアドレスでのボールとカラダの距離で行う。近くに立てば距離が出しやすく遠くに立てば大きく振っても飛ばない。

飛ばす→ボールに近く立つ

ハンドアップに
構えて
アップライトに
スイングする

飛ばさない→ボールから遠く立つ

ハンドダウンに
構えて
フラットに
スイングする

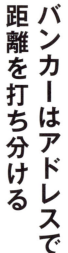

はじめに

私は選手時代、アプローチが苦手でした。

どちらかと言うとショットでスコアを作るタイプのプレーヤーでパーオン率は高かったのですが、グリーンを外すと寄せきれずにボギーを打ってしまう。バンカーショットも苦手で、ダフリかホームランしか出ないほど悩んでいた時期もあったくらいです。

このころの私は、アプローチやバンカーが下手なのは自分に「感性」がないからだと考えていました。小技のうまい選手たちは、生まれ持って手先が器用だったり、幼いころからのカラダで覚えた繊細な感覚があるのだろうと思っていて、もともと器用でないうえ、ゴルフを始めたのが18歳と遅かった自分に、そういった選手たちとの差が埋められる気がしませんでした。

実際、練習をしてもアプローチの問題は一向に改善される気配はなく、「感性」とやらをどうやって磨けばいいかも見当がつきませんでした。その結果、心のどこかではもはや練習もムダだと感じるようになっていました。

試合に出なくなり、ティーチングを仕事にするようになってからも、正直なところ、教え方がわからない。これと言った理論もなく、オーソドックスな「一般論」でごまかしながら指導するしかありませんでした。

しかし、世界のトップコーチたちに教えを乞うようになって、自分のアプローチに対する先入観が大きな間違いであることに気づかされました。

彼らは例外なく、アプローチにおいても「感性」などに頼らず、非常に論理的で合理的なメソッドで指導をしていました。それぞれのコーチたちは自分の「型」を持っていて、まずはその「型」をきちんと身につけさせるところから指導をスタートする。その「型」にもたくさんの種類がありましたが、それぞれが理に適っていました。

事実、彼らの指導を受けて、私自身のアプローチも改善されていきました。「型」を身につけることによって打点が定まり、いままでアバウトな感覚でしかなかった「距離感」も、コントロールできるようになりましたし、ウエッジのバンスの使い方や原理を理解することで、バンカーに対する苦手意識もすぐに消えました。そして驚くべきことに、「型」が安定してくると、次第に「感性」の意味もわかるようになってきたのです。

こういった経験のおかげで、私のティーチングも大幅に改善されていきました。生徒さんに「仕組み」を明快に説明できるようになり、問題点の掘り起こしや改善も圧倒的にスムーズになりました。当然、指導の結果も早く、確実に現れるようになります。

こういった私自身の経験からも、アプローチの指導の場面においては、感性はほとんど必要のないものだと断言できます。

もちろん、アプローチに感性が不要だというわけではありません。しかし感性を磨く前に、理論を理解して「型」を身につけ、その再現性を高めるというプロセスが必要不可欠なのです。とくにアマチュアゴルファーにおいては、このロジカルなプロセスは絶対的な優先事項と言って間違いありません。むしろ、ロジカルな土台を固めることによって、自然と「感性」の世界が見えてくるということでもあります。

そういった観点から、本書はアプローチをできるだけロジカルに、マニュアル的に考えるためのテキストとなれるようなものを目指しました。私はアプローチの繊細な感性を言語化してお伝えする術を持っていませんが、だからこそ、自分がたどってきたプロセスの意味と価値を理解しているつもりですし、みなさんの立場に近い感覚でそれをお伝えすることができると考えています。ぜひ、読み進めてください。

ゴルフスイング・コンサルタント　吉田洋一郎

ロジカル・アプローチ

「理論」で上達する世界標準の寄せテク

LOGICAL APPROACH

CONTENTS

目次

PART 1

アプローチは「感性」でなく「理論」だ

CONTENTS

PART 2

アプローチのテクニック 073

PART 3
データで見るアプローチ 105

CONTENTS

PART 4

アプローチの実戦テクニック

129

CONTENTS

PART 5

ロジカル・バンカーショット 157

編集協力　鈴木康介
写真　小林司、田辺安啓
装丁・本文デザイン　鈴木事務所
DTP　加藤一来
取材協力　TrackMan株式会社、取手桜が丘ゴルフクラブ、株式会社フォーティーン、アクシネットジャパンインク、株式会社グリップインターナショナル

LOGICAL APPROACH ロジカル・アプローチ

PART 1

アプローチは「感性」でなく「理論」だ

世界のアプローチ・レッスンは超ロジカル

アプローチやパッティングといったショートゲームというのは、ゴルフのなかでも「感性」が大事な部分だとされ、そのうまさはセンスに依存するというイメージが広く浸透しています。

しかし、**欧米のトップコーチたちのもとでゴルフ理論を学ぶと、ショートゲームにおいてもそのメソッドが非常に論理的であることに驚かされます。とくに、ティーチング、コーチングという指導の場面では、「感性」などという曖昧《あいまい》なものが入り込む余地はほとんどないと言っていいほどです。**

そのパッティングの部分については拙著『ロジカル・パッティング』でご紹介し、みなさんにも実感していただけたのではないかと思います。

本書は、『ロジカル・パッティング』では説明しきれなかったアプローチとバンカーショットについて、詳しく説明していこうと思います。

ビル・ハースやスコット・ピアシーなどを指導しているスタン・アトレー（左）は、ショートゲームコーチとして有名。右は筆者

ヘンリク・ステンソンなどを指導するヨーロッパを代表するコーチ、ピート・コーウェン（左）にもショートゲームを学んだ

アプローチを「感性」に逃げてはいけない

「アプローチはロジックである」と言っても、フィル・ミケルソンのような、常人には想像がつかないようなクリエイティブなアプローチでチップインを量産する選手を目の当たりにすると、「そんなことはない、やはり感性の占める要素が大きいのではないか」と思ってしまうもの当然かもしれません。

しかし実際は、そういった**トッププロの感性も、実際はロジカルな基礎技術の上に乗っている「プラスアルファ」でしかなく、ロジックを超越したスーパープレーが必要な場面で初めて顔を出してくる類いのものです。**その意味では、極論すれば感性がほぼ0のロジックだけでも十分にプロゴルファーになれるくらいの技量は身につくのです。

まして**アマチュアゴルファーが、基本となるロジックを無視して感性を語るのはナンセンス。**厳しい言い方をすれば、自分の基礎技術や知識の不足を、「感性」という曖昧《あいまい》な言葉に逃げているだけのように私には思えます。

フィル・ミケルソンのような天才のアプローチも、ロジカルな基礎技術の上に成り立っている

感覚の「裏側」にも無意識のロジックがある

プロゴルファーやジュニアゴルファー上がりの上級者とプレーしたことがある人はわかるかもしれませんが、彼らのなかには、アプローチの場面で非常に直感的な判断をしたり、アベレージゴルファーには理解しにくいチョイスをすることがあります。そういう場面を目にすることも、アプローチを「感性」だと感じさせてしまう要因のひとつになっているかもしれません。

しかし、そういった**直感的に見える判断も、実際脳内では非常にロジカルなシステムに則って行われているのです**。とくに子どものころからゴルフをしている人や、ラウンド数が非常に多い経験豊富なゴルファーの場合、そのロジックが表に現れず、無意識下で処理されているケースがあり、その場合「それ、どうやって打ったの?」と聞いても「ザザッとヘッドを滑らせて」とか「フワッと上げようと思った」などと、感覚的な答えしか返ってこなかったりするのです。

しかし実は、頭の中の無意識の部分では「セミラフにボールが浮いているから、ウエッジのフェースを開いてロフトを増やし、ゆるやかな入射角で打ってボールを上げよう」というような判断や「ボールを上げたいから少しボールを左に置いて、ヘッドを走らせてボールを拾おう」などという思考プロセスを踏んでいるのです。それを論理的に自覚した経験がない人にとっては、「直感」だったり「こんな感じ」といった感覚的な表現しかできないだけなのです。そういった人は、状況とボールやフェースの「見え方」などをリンクさせ、ビジュアル的な経験としてノウハウを蓄積し、状況に応じて引き出して実行しているような場合もあるので、それを他人に正確に伝達できないケースがほとんどです。

このように、ロジックであるべき部分を感覚的なプロセスで身につけるためには、豊富な実戦経験と成功体験、そしてそれ以上に膨大な失敗の経験が不可欠です。ジュニアゴルファー上がりでもなく、ラウンド経験もそれほど多くない「普通のゴルファー」にとっては、正直なところ、現実的な上達ルートとは言えませんし、何より効率が悪く、私は絶対におすすめできません。いえ、本当は、ジュニアであれ年間100ラウンド以上する人であれ、**説明可能なロジカルなプロセスによって身につけるほうが圧倒的に効率がよく、上達も速い**のは明らかです。

上達とはロジックがオートマチックになること

アプローチに限りませんが、**ゴルフにおけるロジックは、最終的には、プレー時には無意識で引き出して実行できるようになっているのが理想です。ですがその前に、まず理論を理解し、ロジカルなプロセスで実行できるようになることが先決です。**

実際にボールを打つ際には、非常にたくさんの情報を処理し、判断を下さなければなりません。それらを逐一ロジカルに考える訓練を重ねることで、そのなかの一部ずつであっても、オートマチックに処理できるようになっていきます。たとえばボール位置と構え方、立ち方なども、慣れないうちはマニュアルどおりに考えながらでないとできなくても、慣れてくればボールをセットした位置に応じて自然とアジャストできるようになります。

ゴルフの技術とは、このようにロジックをカラダに染みこませてオートマチック化することが重要で、そうなって初めて、「感性」の上乗せが可能になると考えてください。本書はその道筋をみなさんに提示したいと考えています。

この状況からどんなアプローチが最適かを判断するというロジックも、慣れればオートマチック化できる

データを知ることは理論的思考に有効

本書の執筆にあたっては、弾道計測器「トラックマン」を用いてデータ計測を行い、入射角やスイング軌道、インパクトロフト、打ち出し角、バックスピン量など、アプローチショットにおけるさまざまなデータを採り、分析しました。

これらのデータに表れる数値は、通常ゴルフをしている範囲内では自覚し得ないものがほとんどです。「入射角3度でインパクトする」と言われて、自分で「これが3度」とコントロールすることはほぼ不可能ですし、「いまより1度鋭角に」と言われてできるものでもないでしょう。ですが、「入射角3度」と言われれば、ヘッドがかなりゆるやかな角度でボールにコンタクトすることはイメージできるはずです。

もちろん**これらの数値は、どこかで自分のスイングデータを計測する機会があればその際の目安になりますが、その機会がなかったとしても、知識として具体的な数字を知り、それをイメージすることは非常に有効です。**

弾道計測器の普及でアプローチに関してもデータの分析が進み、ロジックの重要性は増している

欧米にはショートゲーム専門のコーチがたくさんいる

拙著『ロジカル・パッティング』でも「欧米にはパッティング専門のコーチがいる」と言いましたが、**アプローチ（欧米では「ショートゲーム」と呼びます）に関してもパッティングとの兼任も多いですが、専門のコーチは数多くおり分業制が進んでいます。**

アプローチは、パッティングほど緻密でメカニカルなティーチングが行われるわけではありませんし、大学教授や科学者などの研究者よりもプレーヤー上がりのコーチが多い傾向はありますが、やはりスイングや弾道については、精密なデータを取り、細かく研究して実践面に落とし込むことが行われています。そしてそれに加えて、豊富な経験の蓄積による経験則や、プレーヤーのタイプ別に細分化されたメソッドによるティーチングが行われているのが特徴です。

アプローチのティーチングの歴史をひもとくと、ポール・ラニアンという全米プロを2勝し賞金王にもなった往年の名手がおり、彼からショートゲームを教わるプレーヤーが多かったことが端緒と言っていいかもしれません。ラニアンの後には、〝帝王〟ジャック・ニクラスを指導したフィル・ロジャースのようなラニアンの影響を受けたショートゲームコーチが現れ、その後もデーブ・ペルツやピート・コーウェンといったショートゲームの指導を得意とするコーチが続々と登場しています。そして彼らの指導で結果を出す選手が増えてきたことで、いまでは**欧米のトッププロの間では、ショートゲーム専門のコーチをつけることが当たり前**になってきているのです。

代表的なショートゲームコーチたちのメソッドについては後ほど細かく説明しますが、彼らのメソッドを聞いてみると、意外にもみんな言っていることがバラバラなのに驚かされます。これはアプローチに限ったことではないのですが、動きやすく力を出しやすいカラダの使い方が人それぞれ違うからです。ですので、**プレーヤーは自分に合ったタイプのコーチを選んで教わるというのが欧米のティーチングの主流**になっているのです。

その意味では、ゴルフのティーチングメソッドに「正解」はありません。自分に合ったタイプの理論、指導者を見つけることこそが上達の早道なのです。

本書は、技術的な部分についてはそういった個性のバリエーションを考慮して紹介していきますので、その辺を考慮して読み進めていただければ幸いです。

「アプローチ」とはどんなショットなのか？

ところで、「ショートゲーム＝アプローチ」とはどんなショットとかと問われれば、私は**「距離を加減するショット」**と定義するのが適当だと考えています。

通常のショットでも、若干の強弱のコントロールをすることはありますが、基本的にはフルショットを基準にスイングしつつ、番手のチョイスによって距離を打ち分けます。この点、アプローチショットは、スイングの大小を加減することによって距離を打ち分けるショットと言えます。

具体的には、**「腕が地面と平行になる振り幅」（欧米ではピッチショットと呼びます）以下のスイングをアプローチと考えていい**と思います。その意味では、林から脱出する場合などに、ロングアイアンなどで「腕が腰より下の小さい振り幅」（欧米ではチップショットと呼びます）でスイングする場合も、何ヤード打つかにかかわらずアプローチショットの範疇《はんちゅう》と考えていいでしょう。

「アプローチ」は「ピッチショット」以下

アプローチとは、腕が地面と平行になる振り幅（ピッチショット）よりも小さい、「加減するスイング」のこと。加減するからミスしやすい

アプローチは加減するからむずかしい

振り幅がフルショットよりも小さいアプローチショットは、まさにその振り幅の小ささゆえにさまざまなむずかしさがあります。

なにより、振り幅にハッキリとした物差しがあるわけでもなく、同じ振り幅でもスイングのスピードが変われば距離も変わってしまうなかで、自分がイメージした距離を正確に打ち分けなければなりません。この**振り幅の無段階調節によって距離を打ち分けるのには、多くの練習と経験が必要**になります。

また、**振り幅を抑えようとする動きが「ゆるみ」を生じさせやすい点もアプローチをむずかしく**しています。スイングがゆるむと軌道が乱れたりスイングを減速させたりして、ダフリなどのミスを誘発します。とくに、距離に対する適正な振り幅よりも大きくバックスイングしてしまうと、ダウンスイングを調節し、ヘッドを減速させながらボールを打とうとします。この状態で少しでもダフると、ヘッドが芝の抵抗に負けて振り抜けず「ザックリ」のミスになります。反対に、距離に対する適正値よりもバックスイングが小さい場合は、インパクトを強めて調整しようという意識が働きます。そうするとリキんでダフったり、打ち急いでトップするなどさまざまなミスの原因となります。

いずれの場合も、自分のイメージしている振り幅を自分で正確に振ることができない場合に起こりやすいミスです。アマチュアゴルファーの多くは、たとえば「腕が地面と水平になる振り幅でスイングしてみてください」と言っても、そのとおりに振れないケースが非常に多いのです。自分では「腕が水平」のつもりで振っていても、外から見るとほとんどフルショットくらいの振り幅になりがちです。

アプローチに自信がない人は、一度自分のスイングを動画に撮るなどしてチェックしてみてください。**「肩から肩」「腰から腰」など事前に振り幅を決め、その振り幅でスイングしているつもりが、全然違う振り幅になっている可能性が非常に高い**と思います。

本書ではアプローチのさまざまな技術を紹介しますが、自分のイメージどおりの振り幅でスイングできることは、そのすべての前提となる必須条件です。このような問題を抱えている人は、**自分の意識と実際のスイングが一致するように、鏡などを見ながら練習**してみてください。

スイングスピードとリズムで距離を打ち分ける方法もある

アプローチの距離感は振り幅だと言いましたが、実は**距離感をコントロールする方法はもうひとつあります**。**それは、スイングのスピードとリズム**です。

距離を打ち分ける場合にも、振り幅を大きく変えずに、スイングのスピードでインパクトの強弱を変える方法です。スイングスピードをコントロールするには、インパクトの強弱といっても、ただ「強く打つ」「弱く打つ」というのではなく、**切り返しのタイミングやスイングのリズムが大事**です。長めの距離を打つときは、切り返しのテンポを早めて早いリズムでスイングすることでヘッドスピードを上げ、短めの距離を打つときは、静かに切り返してゆったりめのリズムでスイングするのです。

ただし、スピードとリズムで距離感をコントロールする場合でも、短い距離ほど振り幅が小さくなる傾向があるのは同じですので、振り幅という概念は無視できません。ただ、その振り幅と距離が単純な比例関係にならないということです。

物理的に言えば、飛距離を左右する最大の要因はボール初速。それを何でコントロールするかがカギ

スインガーかヒッターかで距離感の出し方は違う

振り幅とスピード。この2つのタイプの距離のコントロール方法は、使い分けるというのではなく、スイングのタイプによって適性が分かれると考えてください。

1つめの振り幅で距離感をコントロールする方法は、カラダの動きを主体とし、ゆったり振ってゾーンでとらえるスインガータイプの人に向いています。プレーヤーでいうと、ジャスティン・ローズやスティーブ・ストリッカーなどがこのタイプです。

2つめのスピードとリズムで距離感をコントロールする方法は、手先の動きを重視し、インパクトを点でイメージするヒッタータイプの人に向いています。プレーヤーでいうと、タイガー・ウッズやヘンリク・ステンソンなどがこちらのタイプです。

この2つの方法には、どちらが良いとか悪いという優劣はありません。自分のイメージに合った方法を選ぶことが重要で、合わないイメージで練習しても上達の効率が悪く、いつまでも正確な距離感が身につかない場合もあるので、気をつけてください。

リオ五輪の金メダリスト、ジャスティン・ローズは、
左腕でスイングをリードするスインガーの代表

タイガー・ウッズは右サイドでクラブをさばくヒッター
タイプ。インパクトの強弱で距離感を作っている

ボール初速を変えるだけではピンに寄せることができない

ボールが飛ぶ距離というのは、アプローチにおいてもドライバーなどと同様、**ボール初速と打ち出し角、バックスピン量という物理的要因によって決定**されます。

このうち、ボール初速が速いほうが飛距離が出ることは、物理的に自明だと思います。大きくスイングするにせよ強くヒットするにせよ、ヘッドスピードを上げてボール初速を稼ぐほうがボールをたくさん飛ばせます。

単純な「距離の打ち分け」というだけであればこれで十分なのですが、アプローチにおいては話はそう単純ではありません。落下点の状況によってボールの転がりが大きく変化するうえ、求められる精度の物差しが通常のショットよりも精密なため、これだけではピンに寄せることができないのです。

そのため、**アプローチにおいて振り幅やスイングのスピードによって距離を打ち分けるというのは、不可欠な要因でありながら、あくまで土台となる基礎の範囲を出ない**のです。

落下点の状況で転がりが変わる

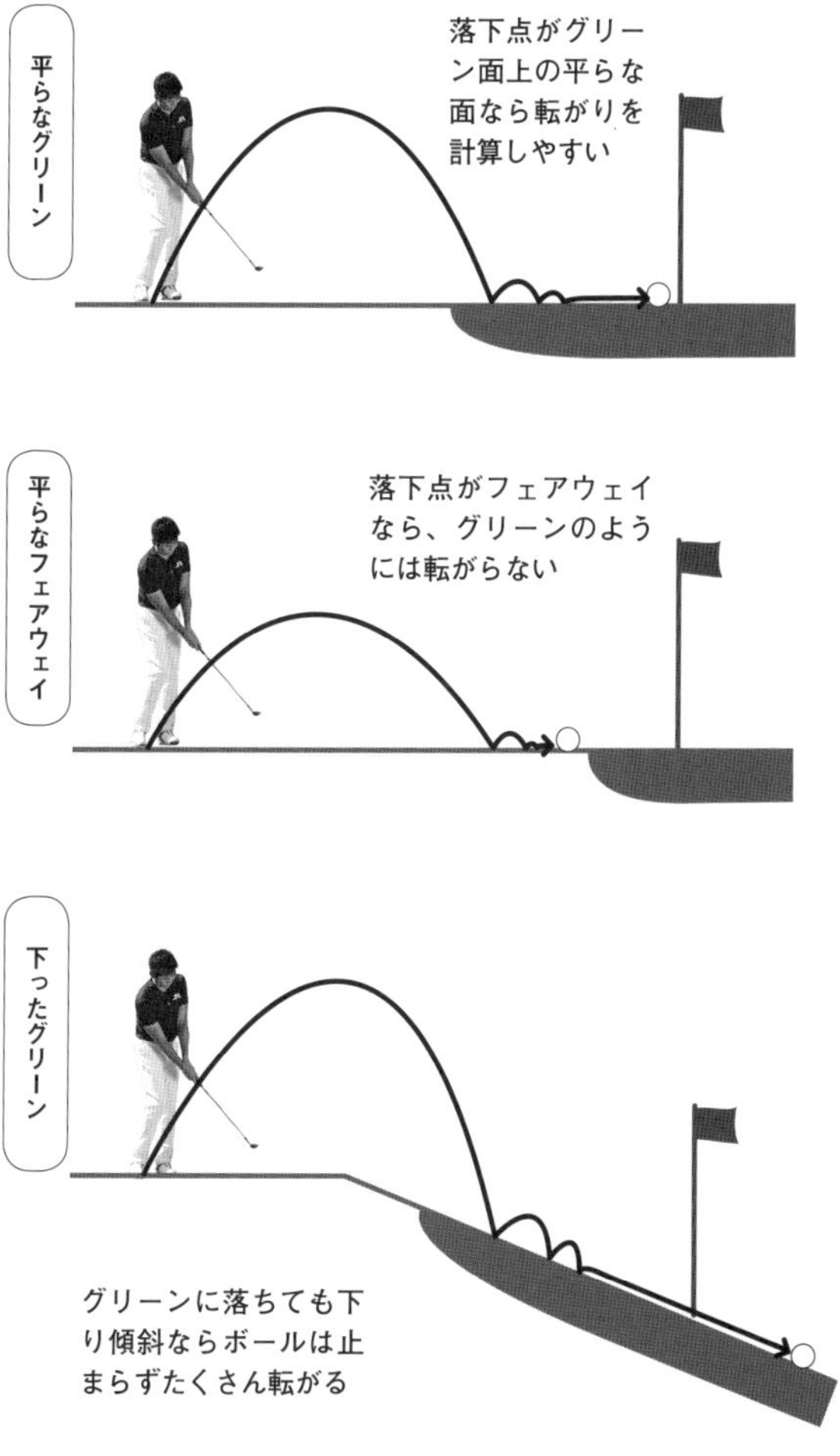

アプローチの距離感は球の高さのコントロール力

実戦で役に立つ距離感を磨くために重視してほしいのは、球の高さです。アプローチにおいては、同じ打ち方をした場合、距離と弾道の最高点の高さは、ほぼ比例関係にあり、**長い距離を打つほど球は高くなります**。そのため、単純な距離の打ち分けにおいても、球の高さに対するイメージは非常に重要です。

これはフルショットとは大きく異なる点です。フルショットの場合は、長い距離を打ちたいときはロフトの立ったクラブを使うので、低い球ほど遠くへ飛ばせるのが普通ですが、アプローチではその反対のイメージが必要なのです。

この違いはスイングスピードの影響です。フルショットの場合は、短いクラブであってもヘッドスピードがある程度の速度に達するのでボールが浮き、短い距離を打つ場合でも十分な高さが出ますが、アプローチのような50～60ヤード未満のショットでは、ヘッドスピードが極端に落ちるのでボールが浮かなくなり、このような現象が起こるのです。

アプローチとショットの球の高さの違い

アプローチ

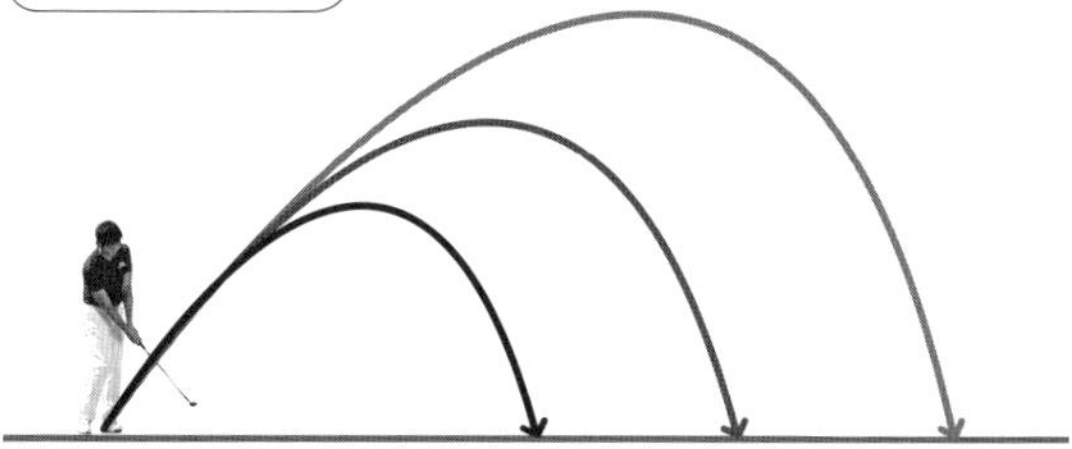

同じ番手でアプローチするとしたならば、基本的には打つ距離に比例して球は高く上がるので、球の高さが距離の目安になる

フルショット

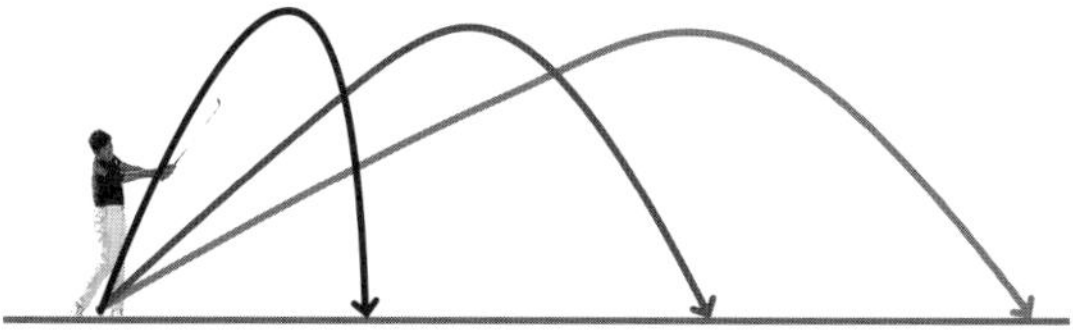

打つ距離によって番手を変えるフルショットは、番手によって見た目の球の高さは違っても、弾道の最高到達点の高さはほぼ同じ

球の高さで落ちてからの転がりをコントロールする

アプローチにおいては、同じ距離を打つ場合でも、ピンに寄せるためには傾斜やピン位置などの状況によってボールの転がりをコントロールする必要があります。

ボールの転がりは、ほぼ球の高さで決まると考えてください。もちろんボールの転がりはバックスピン量によっても変わりますが、基本的にはスピン量自体をコントロールして転がりを調節するよりも、高さや距離をコントロールするための打ち方の副産物としてスピン量が変わると考えるほうがシンプルです。プロが試合で見せるような、スピンでブレーキをかけてボールを止める打ち方は、グリーンが極端に硬いとか速いような限定的な場合に必要になる打ち方ですし、高等技術でもあります。あくまで例外と考えてください。

したがってアプローチにおいては、どこに落とすかというキャリーの距離に加えて、どんな高さの球を打つかをイメージすること、つまり**高さのコントロールこそがアプローチの距離感のカギ**なのです。

転がしたい量によって必要な高さも変わる

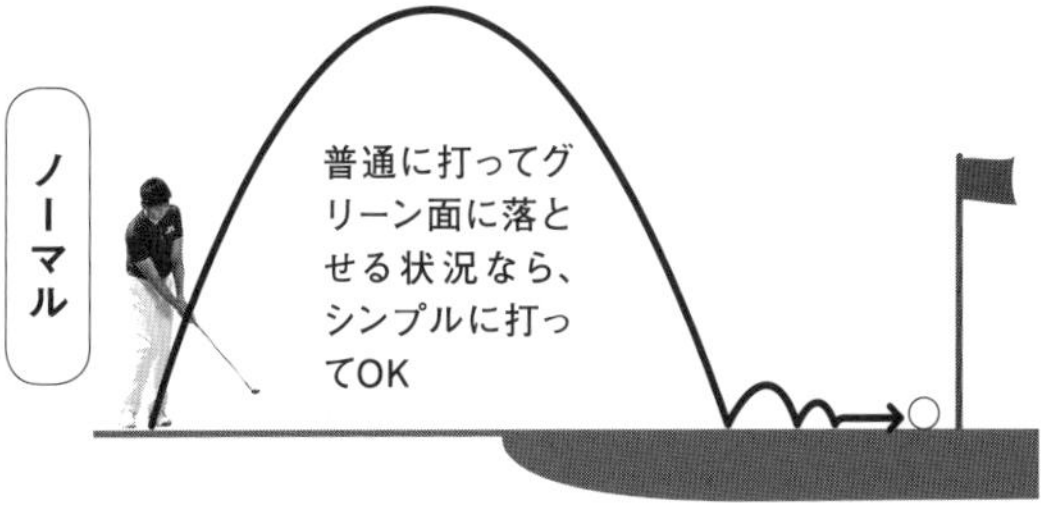

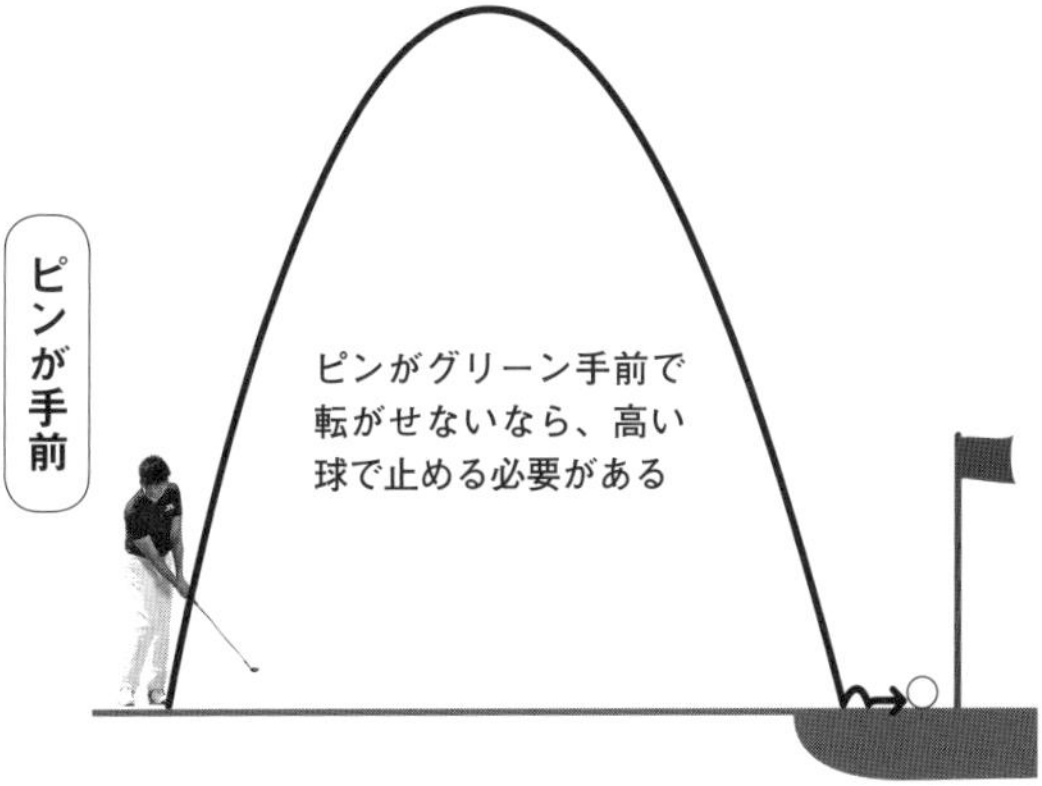

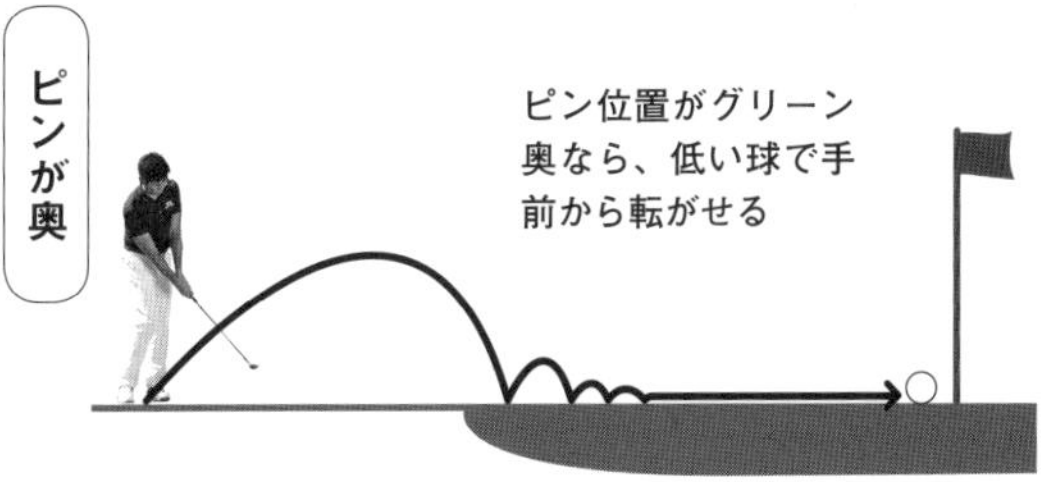

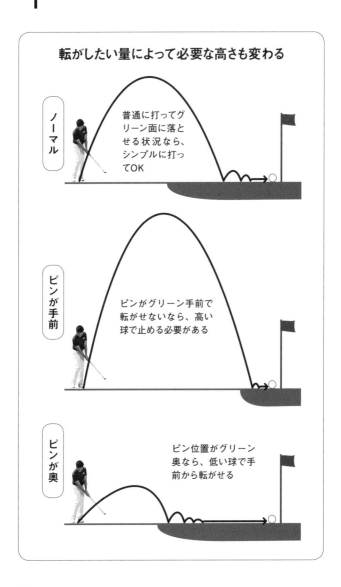

打つ前に「どこに落として どれだけ転がすか」を想像する

アプローチは距離のコントロールであり、高さのコントロールです。ではそれをどのようにジャッジすればいいのか。**アプローチが苦手なアマチュアゴルファーは、このジャッジメントのプロセスが不明瞭で、正しい判断を下せていないケースが非常に多く、技術面以上の障害となっている**ように私は感じています。

アプローチの最終目標は「ピンの近くにボールを止めること」です。それを正確に実行するために重要なのは**「どこに落としてどれだけ転がすか」**。これを正確にイメージできなければ、どんな技術を持っていてもピンに寄せることはできません。

たとえば、ピンまで30ヤードのアプローチでケーススタディしてみましょう。仮に、SWで普通に打った場合のキャリーとランの比率が2対1だとしてください。

まず、グリーンエッジまで15ヤード、エッジからピンまで15ヤードで、グリーンも平らというシチュエーションを考えてください（状況1）。これならば何の工夫も不要で、トー

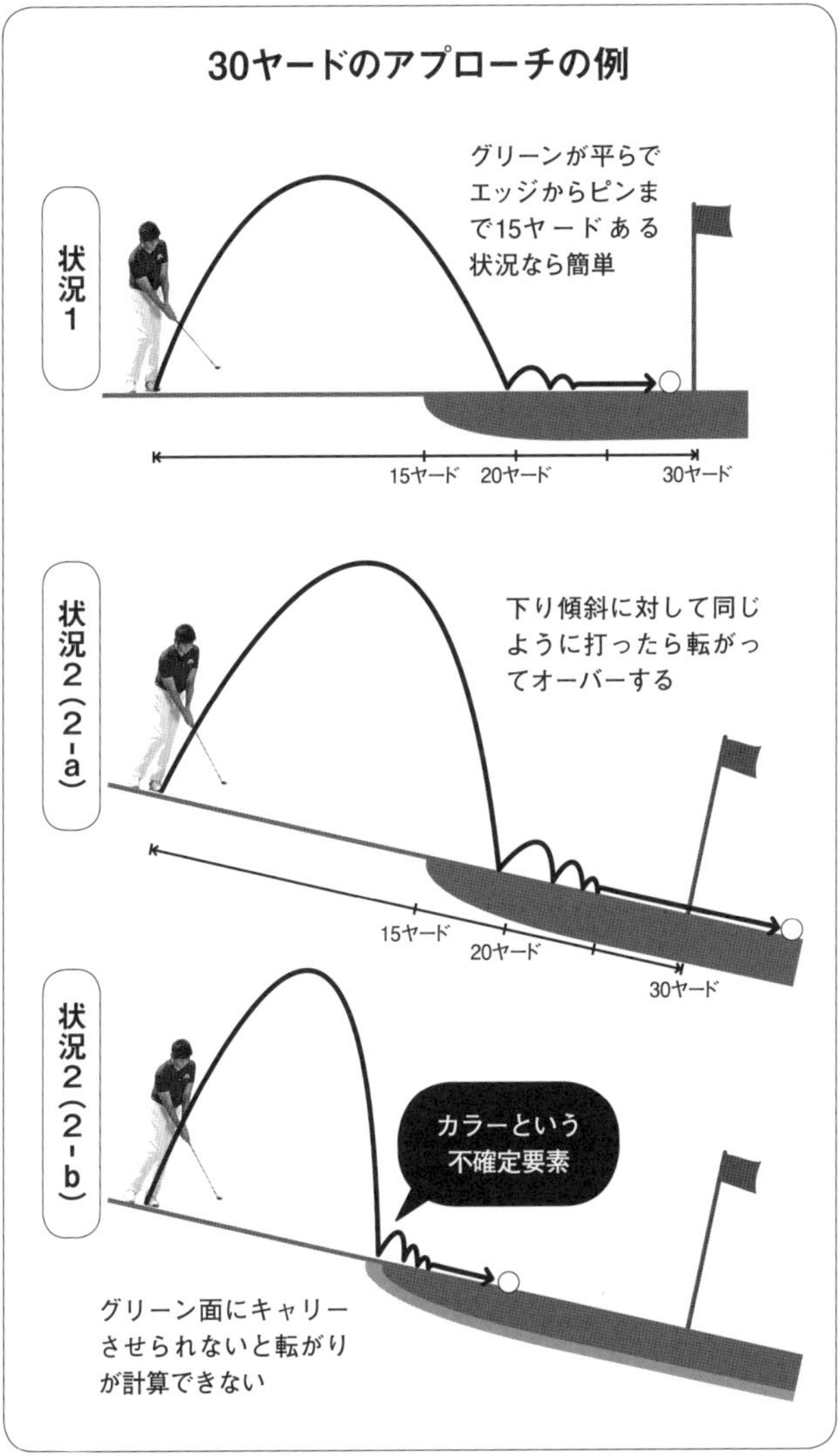
30ヤードのアプローチの例
状況1
グリーンが平らで
エッジからピンま
で15ヤードある
状況なら簡単
15ヤード
20ヤード
30ヤード
状況2(2-a)
下り傾斜に対して同じ
ように打ったら転がっ
てオーバーする
15ヤード
20ヤード
30ヤード
状況2(2-b)
カラーという
不確定要素
グリーン面にキャリー
させられないと転がり
が計算できない

タル30ヤードのスイングをすればボールは20ヤードキャリーしてグリーン面に落ち、10ヤード転がってピンの近くに止まるはずです。

次に、距離条件が同じで下り傾斜の場合を想定してください（状況2）。下り傾斜のぶんランが増えるので、SWで普通に打ったらキャリーとランが1対1になると仮定します。この状況で、最初の場合と同じようにSWで20ヤードキャリーさせたら、ランも20ヤード出てしまい、ピンを10ヤードもオーバーしてしまいます（2-a）。ですから一番シンプルな対処法は、キャリーとランが1対1でトータル30ヤードになるように、普通に打って15ヤードキャリーさせることです。しかしこの状況は、15ヤード地点にカラーがあり、そこにボールを落とすとカラーに食われてショートするリスクが高まります（2-b）。そのため、キャリーとランの比率を変える必要性が出てくるというわけです。

このとき、もしあなたに高い球を打つ技術があれば、ピンに寄せられる可能性は高まります。この下り傾斜でもキャリーとランの比率が2対1になるような高めの球で20ヤードキャリーさせるように打てばいいのです（2-c）。しかしそれができないのであれば、普通の打ち方でカラーを越えるように打つしかありません。ただしその場合はオーバーを覚悟しなければなりませんし（前出2-a）、それを嫌がってカラーギリギリを狙ってい

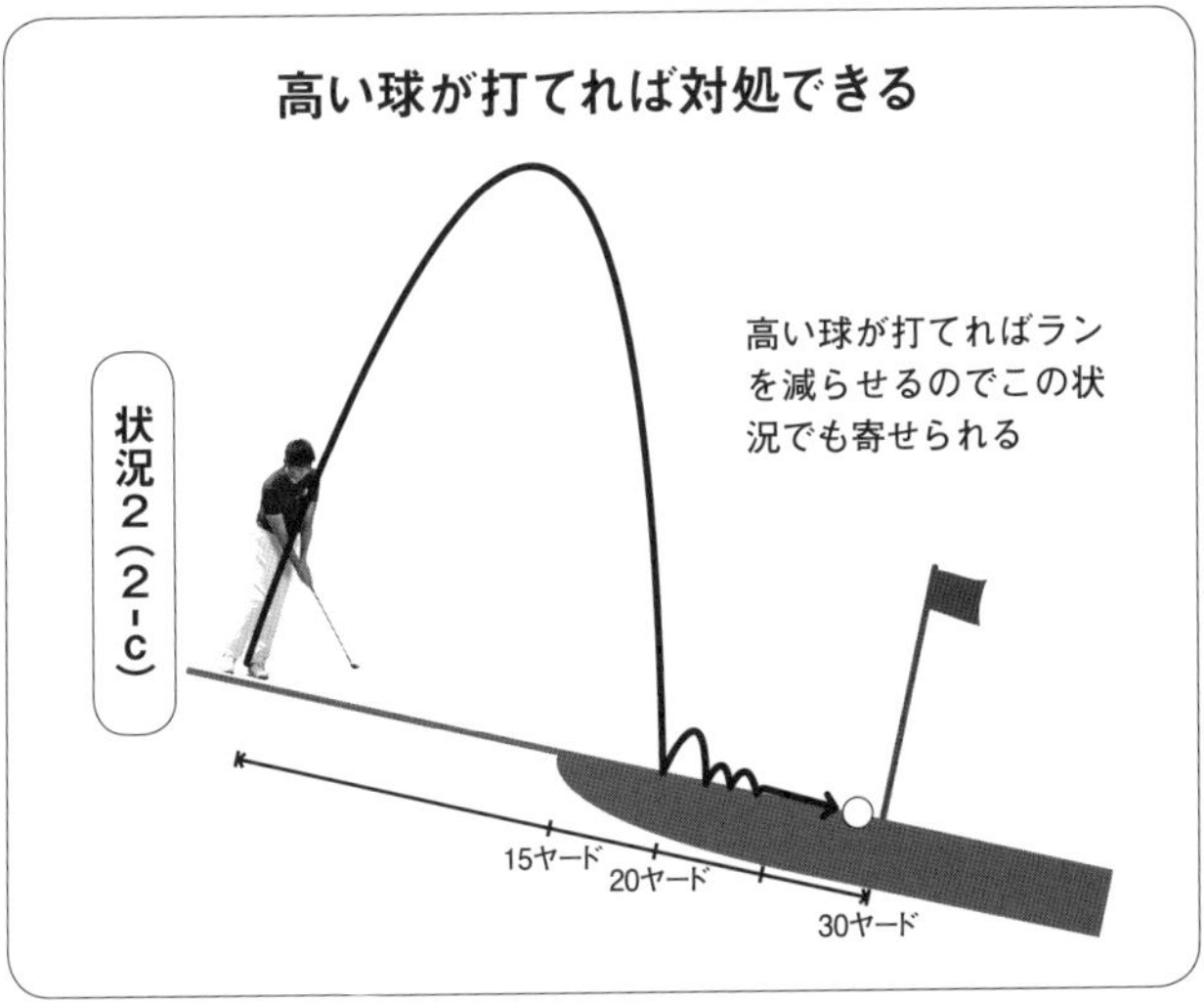
高い球が打てれば対処できる
状況2（2-c）
高い球が打てればランを減らせるのでこの状況でも寄せられる
15ヤード
20ヤード
30ヤード

けば、カラーに食われてショートするリスクも高まるわけです（前出2-b）。

ここまでのプロセスで大事なのは、まずは自分にできることを正しく把握すること。練習もしていない「高い球」をいきなりコースで打とうと思っても、ザックリやトップなどの大きなミスが出る可能性が高まりますし、1～2ヤードの正確なキャリーの打ち分けができないのにカラーギリギリを狙う打ち方も同様です。

そのうえで、**現在の状況を正しく判断して、どこに落としてどのくらい転がせば寄るのかを見極めることが、ピンに寄せられる距離感を磨く第一歩**です。

グリーン面上の「使える面の広さ」を考える

「どこに落としてどのくらい転がすか」を考える際に重要なのが「使える面の広さ」です。これは、グリーン上の転がしに使えるエリアの広さ、つまり**グリーンエッジからピンまでの「実効距離」**と言ってもいいかもしれません。そしてこの「使える面」が狭ければ狭いほどアプローチの選択肢は減り、寄せるのがむずかしくなると言えます。

この**実効距離というのは、単純な距離だけでなく、傾斜やグリーンの速さ、全体の距離に占めるグリーン面の比率などによって変化します。そして転がせる距離が何ヤードかということ自体よりもキャリーに対する比率が重要で、キャリーの距離に対して転がせる距離の比率が小さいほどむずかしくなる**わけです。

前出の状況1、状況2に加え、ボールからエッジまでの距離が近いとき（状況3）、上り傾斜のとき（状況4）、トータル距離が長いとき（状況5）などの例を見ながら、それぞれ「面の広さ」がどうなるか考えてみましょう。

実質的なグリーンの広さと トータル距離に対する比率

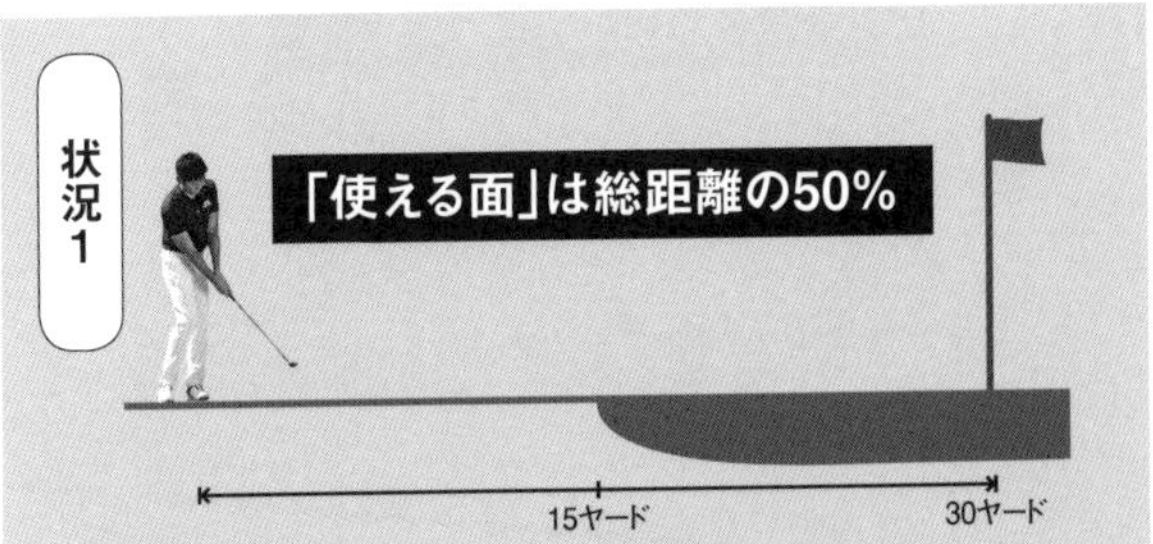

傾斜のない平らな状況でボールとピンの中間にエッジがあれば、「使える面」は15ヤードあり、ピンまでの距離の50%を「使える」ことになる

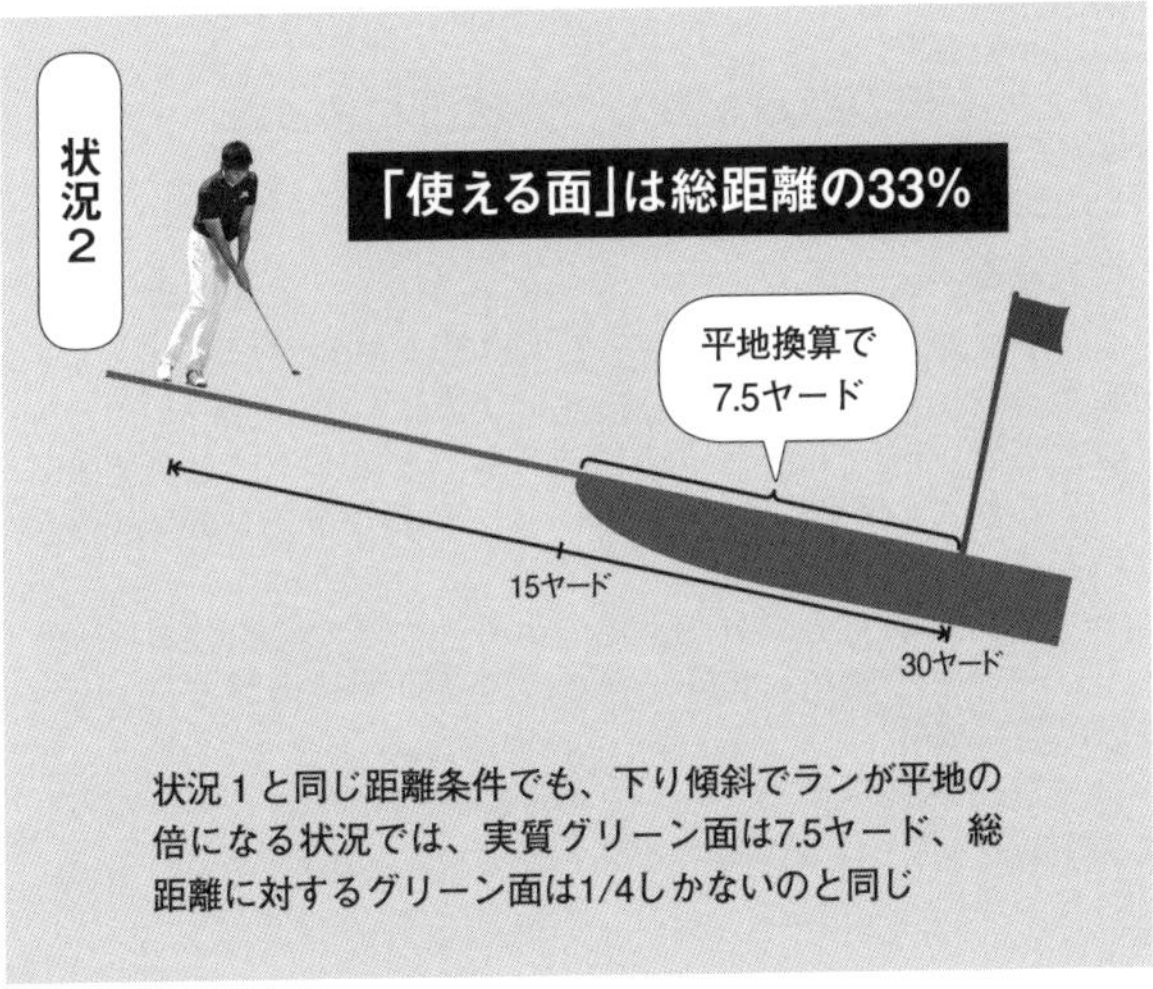

状況１と同じ距離条件でも、下り傾斜でランが平地の倍になる状況では、実質グリーン面は7.5ヤード、総距離に対するグリーン面は1/4しかないのと同じ

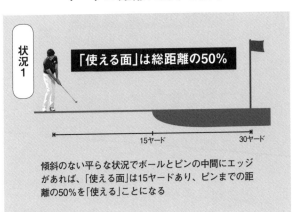

状況3

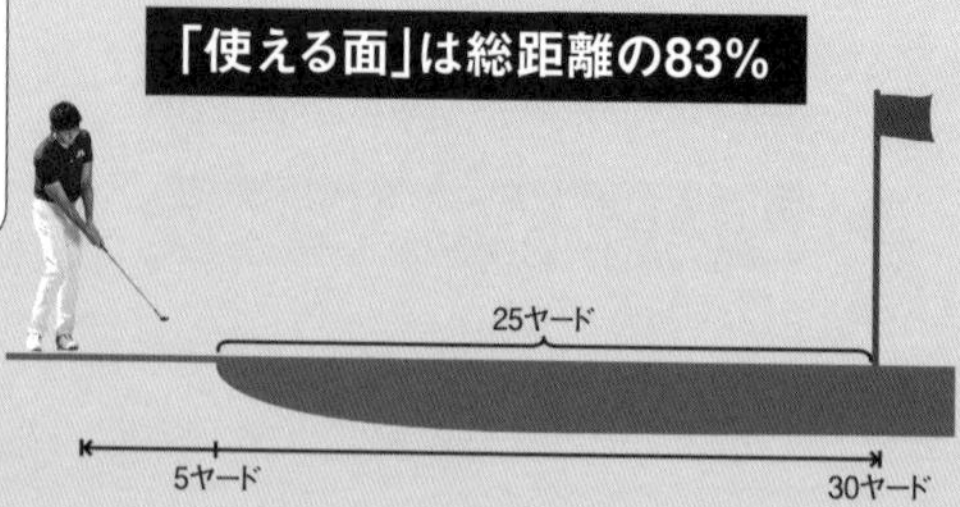

同じピンまで30ヤードの平地でも、エッジがボールのすぐ先で、総距離に対するグリーンの比率が高ければ、落として転がせるエリアが広くてやさしい

実際の距離が同じでも状況によって 球の「止めにくさ」が変わる

下り傾斜では平地の2倍ランが出るとすると、エッジからピンまでの距離が15ヤードでも、平地換算で半分の7.5ヤードしか転がせないのと同じことになる。つまり、キャリー15ヤード以上＋ラン7.5ヤード以下の打球でないと寄せることができない。これは、距離に対する「使える」実質グリーン面は、平地換算で打つ総距離の33.3%ということ。

反対に上り傾斜でランが平地の半分になるなら、15ヤードキャリーさせて30ヤード転がせる。これは平地換算で打つ総距離に対して66.7%が「使える」ということ。

エッジからピンが15ヤードでも、総距離が60ヤードの状況なら「使える面」は総距離の25%しかなく、「状況1」よりも難しいということになる。

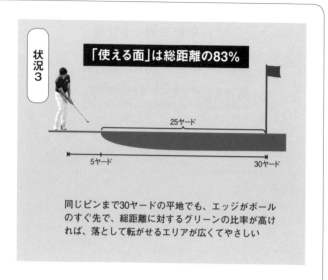

状況4

「使える面」は総距離の67%

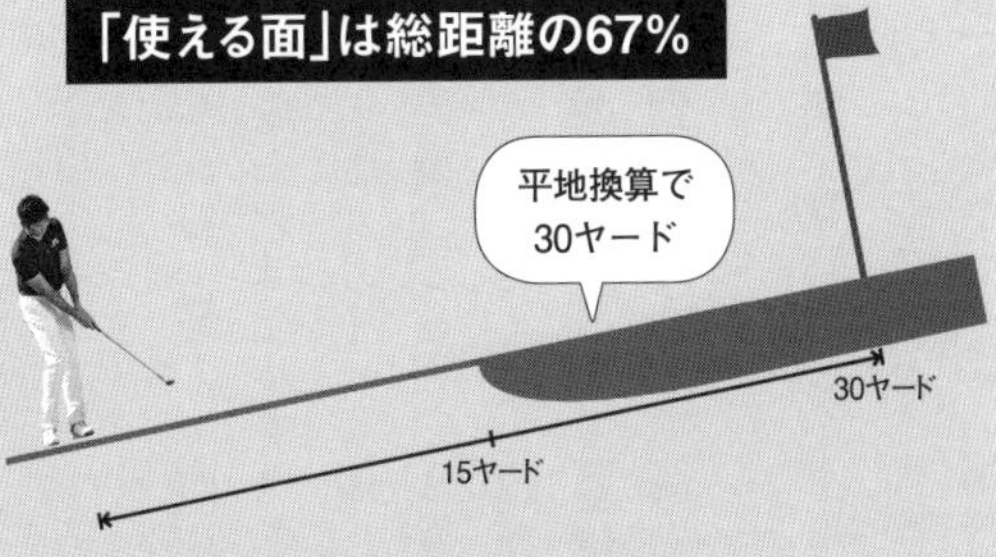

上り傾斜の場合、ランが平地の半分に減るとすると、同じ距離条件でもグリーン面が平地換算で30ヤードあるのと同じで、総距離の2/3に換算できる

状況5

「使える面」は総距離の25%

今度はエッジからピンまでが同じ15ヤードでも、総距離が60ヤードの状況では、「使える面」の広さは総距離の1/4なので、難易度は高くなる

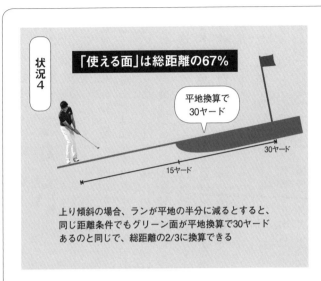

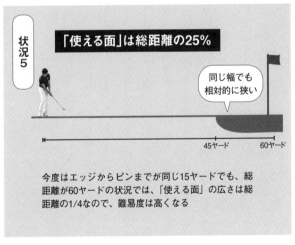

球を上げなければいけない状況はむずかしい

なぜグリーンの「使える面」が狭くなるとアプローチはむずかしくなるのか。簡単に言えば、**アプローチは転がすほうが簡単で、上げるほうがむずかしい**からです。

球の高さと転がりを一番簡単に変えるのは、クラブを替えてロフトを替えることですが、アプローチの場合、ＳＷやＡＷなどロフトが大きいクラブを使うのが一般的です。そのため、**球を低くしてたくさん転がすなら打ち方を変えずに番手を上げるだけでＯＫですが、ロフトが一番大きいＳＷで普段以上に球を上げるには、打ち方を変えなければなりません。**転がせる範囲が短くなる＝高い球が必要になる状況は、特別な技術が必要になるぶん難易度が高いのです。

また左の図を見ればわかるように、グリーン面が広く使えるほうが打ち方の選択肢が増えます。グリーンの使える面が広ければ、そのなかから自分が得意な打ち方をチョイスできますが、使える面が狭い場合は必要な技術が限定されてしまうのです。

使えるグリーン面が広いほうが選択肢が多い

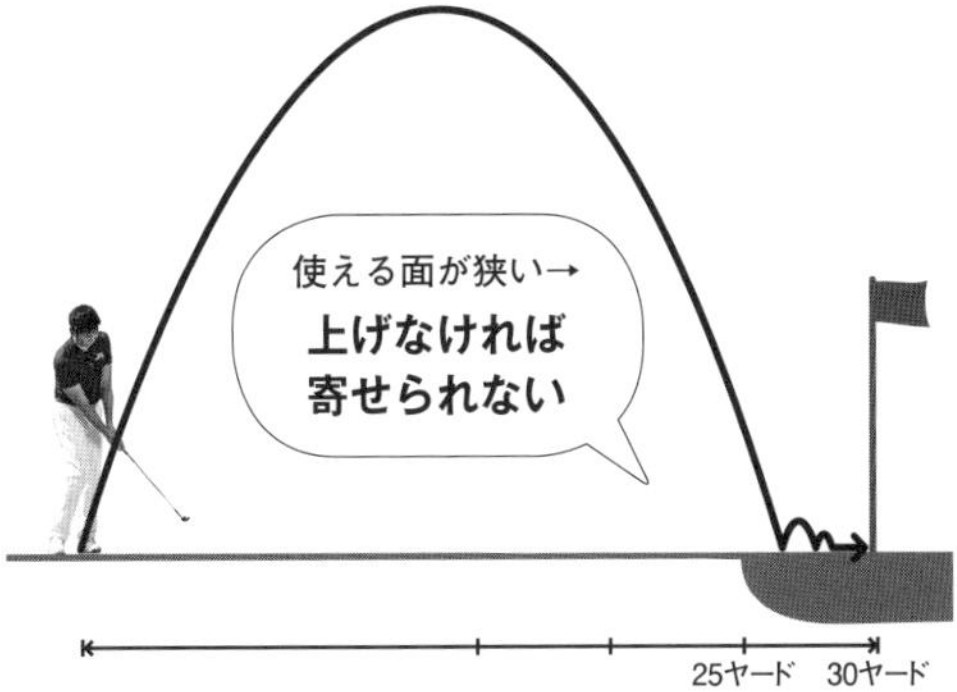

使えるグリーン面が狭い場合は、エッジより先でピンより手前という、落としどころの有効範囲が狭く、高い球を打って球を止めないと寄せられないためむずかしい

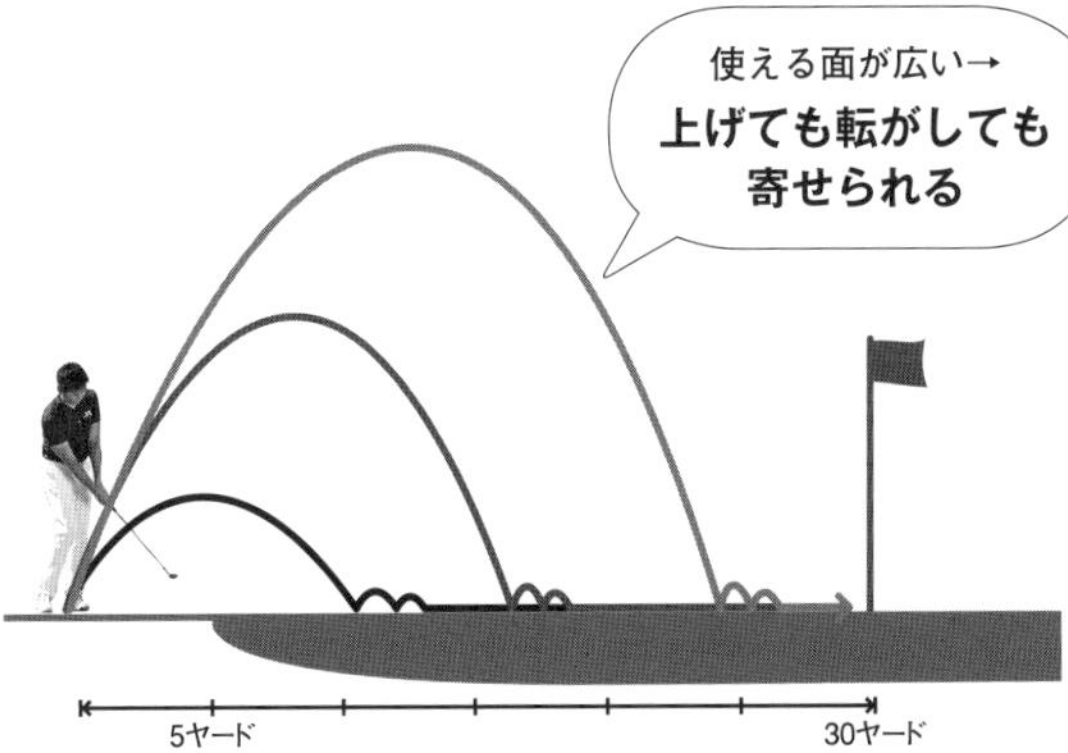

使えるグリーン面が広ければ、エッジからピンまでのどこに落としてもいいため、アプローチの選択肢が増え、安全でやさしい「転がし」で寄せられる

球を上げようとする打ち方にはミスの原因が潜んでいる

アプローチは、一般的には転がすほうがやさしいと言われています。

その理由はいくつかありますが、たとえば**同じ距離をSWで上げて狙う場合とPWで転がす打ち方をする場合は、後者のほうが振り幅が小さくてすみます。**そのぶん精密な動きがしやすいですし、仮にダフリやトップなどのミスになった場合も、振り幅が小さいほうがボールは安全なところにとどまりやすく、致命傷になるリスクを減らせます。

打ち方によって球を上げようとする場合、**「球を上げる動作」というのはミスの温床**です。ダウンスイングで軸が右に傾いたり、すくい上げるような動きが生じてヘッドがボールの手前に落ちるなど、上げようとすればするほどダフリのミスが出やすくなります。また、ロフトを増やして使うぶん上下の打点のミスに弱くなるので、インパクトでヘッドがボールの下をくぐったりフェースの上っ面に当たるミスになりやすいのも、球を上げるときのむずかしさです。

そして何より、**転がしていく場合は弾道を2次元的な「線」でイメージしやすいのに対して、球が高くなればなるほど弾道には3次元的なイメージが求められ、ターゲットが「点」になっていきます**。低く飛び出した球は、落下点が多少前後にズレてもトータルの距離に大きな誤差は出ませんが、高く上がった球は転がらないぶん落下点がズレるとそのまま距離のズレとして現れやすいのです。

これは実際にアプローチ練習用のグリーンなどで試してみるとわかります。グリーンエッジ付近の上げても転がしても狙えるやさしい状況から、上げるアプローチと転がすアプローチを各10球ほど打ってみてください。おそらく後者のほうが平均値が高いか、もしくは一番寄らなかったボールのミスのブレ幅が小さいはずです。

結果次第でチャンスにもピンチにもなるアプローチでは、**「やさしい打ち方」とは、ベストの結果が出やすい打ち方ではなく、平均値が高かったり、ワーストの結果がそこそこに収まる打ち方**だということです。

もちろんこれは、練習量なども関連するので、「普段からよく使う自信を持って打てる打ち方」が一番やさしいのは間違いないのですが、少なくともその**「普段の打ち方」よりも球を高く上げようとする打ち方はむずかしい**のだということは覚えておいてください。

転がす量が極力大きくなるように狙う

ここで、改めて実際のアプローチの場面での判断に戻ってみたいと思います。

ボール地点に立ってまず最初にしなければならないことは、ボールからピンまでの距離、ボールからエッジまでの距離、そしてエッジからピンまでの距離の確認です。そしてそこに傾斜やグリーンの速さなどの情報を加えて総合的に状況をチェックし、**「どこに落として、どのくらい転がすか」を考える**のです。このとき、転がすほうがやさしいという前提で考えるならば、**落としどころを極力手前にする狙い方がファーストチョイス**になるわけです。

具体的には左ページの上の図のような状況なら、①「27～28ヤード転がせる」のだから、②「キャリーとランが1対2くらいになる」ように、③「PWで普通に打って12～13ヤードキャリーさせればいい」ということになりますし、下の図のような状況では①「(平地換算で)2～3ヤードしか転がせない」のだから、②「キャリーとランが9対1くらいになる」ように、③「SWでキャリー22～23ヤードのロブショットが必要」になるのです。

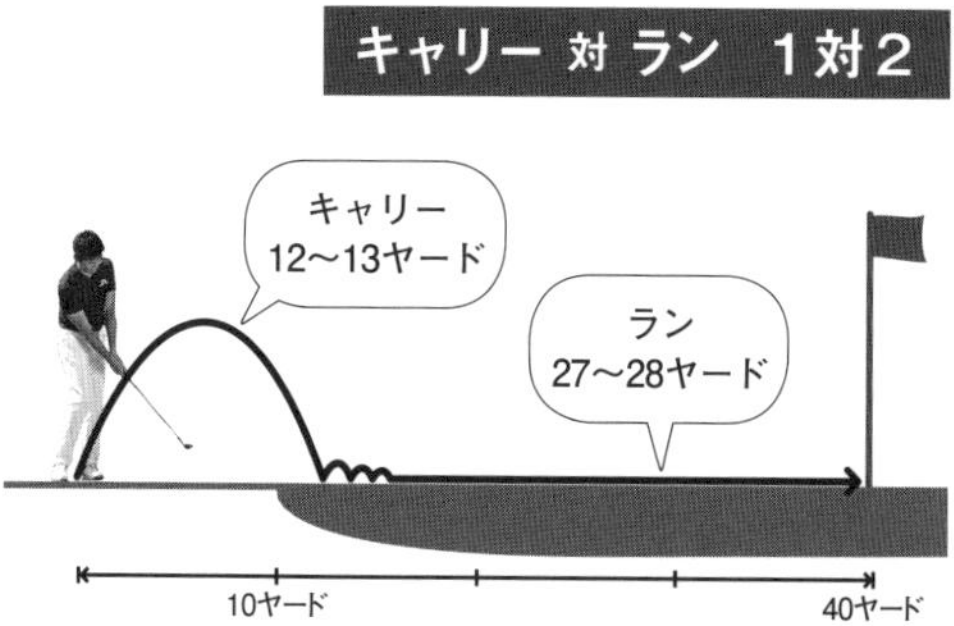

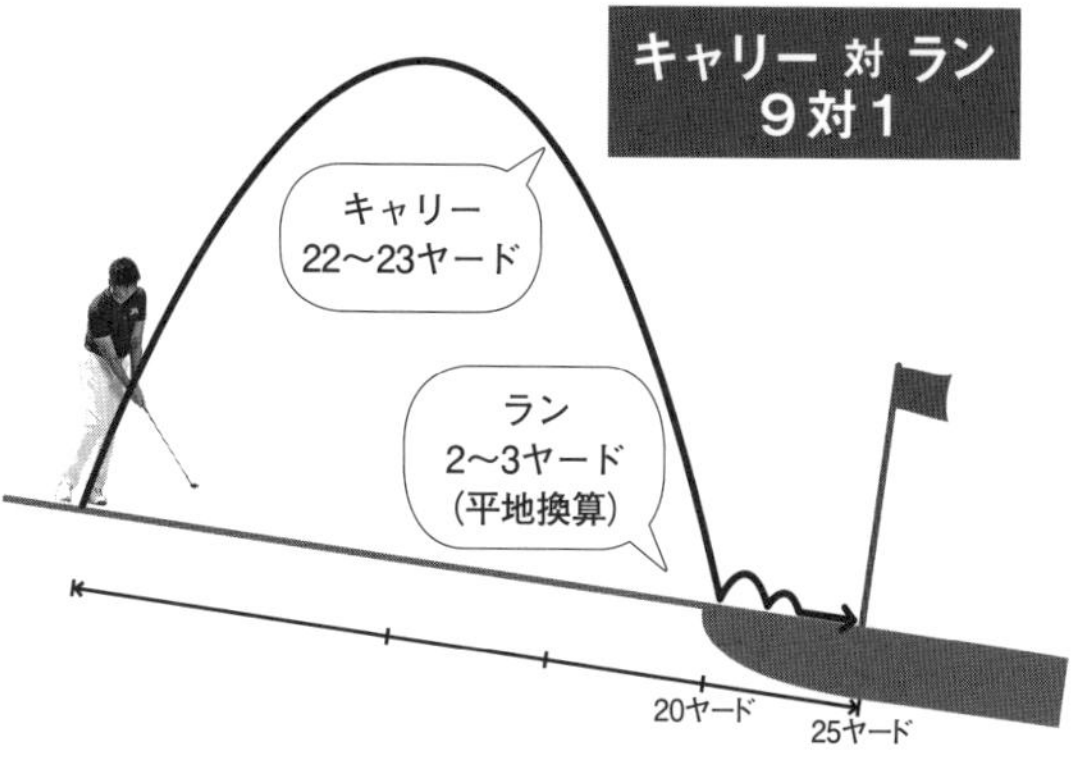

方程式

① (コロがせる量) だから

② (キャリーとランの比率) になるように

③ (必要な打ち方) の打ち方をする

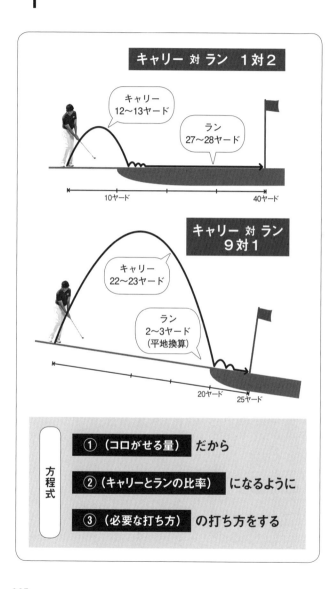

自分にできることの範囲内で打ち方を選ぶ

これがアプローチの基本的な考え方ですが、注意しなければならないのは、落としどころは単純にグリーン上のできるだけ手前でさえあればいいというわけではなく、**グリーンの傾斜やボールのライなどを総合的に判断することが重要**だということです。

たとえば左ページの「状況6」のように、グリーンの傾斜が変化している場合では、転がりを計算しやすい段の上の平らなところに落とすという選択肢も出てくるでしょう。

また、**選択肢は「自分に確実にできること」のなかから選ばなければなりません。**「状況7」のように、球を上げなければ寄せられないピン位置だったとしても、ボールのライが強い左足下がりで球を上げにくい状況だったなら、ベストの結果を求めて無理にロブショットを打とうとすると、大きなミスをするリスクがあります。であれば、PWでカラーより手前に落として転がして「乗せるだけ」で妥協するほうが、ベタピンの確率は低くても大きなミスになりにくい。大事なのは、**「できないことはしない」**ことです。

「エッジのすぐ先」に落とせない状況の例

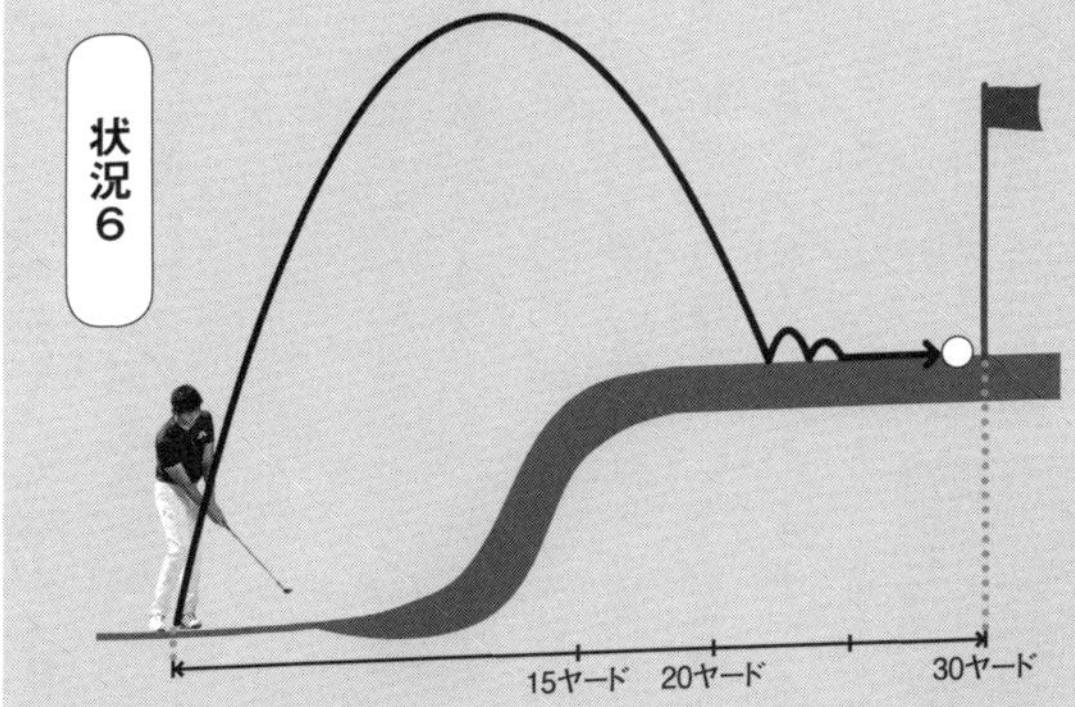

二段グリーンなど、グリーン上に転がりを計算しにくい段差がある場合などは、最適な落としどころは変わる

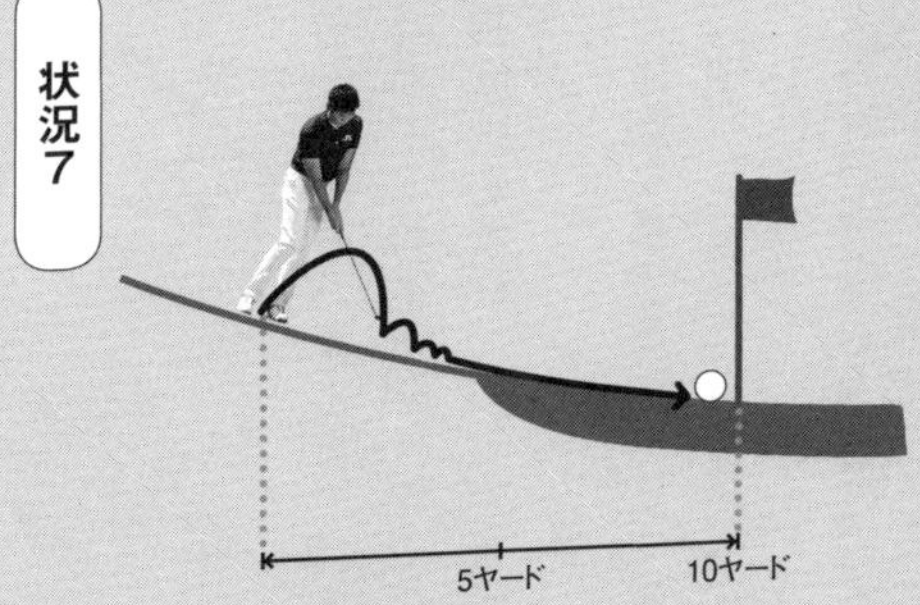

「ベスト」の選択肢の難易度が高い場合は、寄る可能性が低くてもミスの少ない方法を選ぶ必要がある

得意な1本にこだわらず番手選択は柔軟に

アプローチの大きな特徴のひとつは、**フェアウェイウッドからパターまで13本のクラブを自由に使える**という点です。ショットの場合、２００ヤードの距離をＳＷで打つことはほぼ不可能ですので、距離によって使える番手がある程度限定されてしまいますが、短い距離を打つアプローチの場合はその制約がありません。

ですので、**特定のクラブにこだわらず、状況に応じた最適な番手を選択する柔軟な思考を持ってください**。ＳＷなどの１本のクラブを徹底的に練習して、どんな状況からでもその１本で打とうとする人もいますが、転がしたいシチュエーションでわざわざＳＷを持って特殊な打ち方をするよりは、ＰＷやアイ

アンを持って普通に打ったほうがはるかにやさしく、シンプルです。もちろん、得意なクラブを持つことは大事ですが、それにこだわりすぎてはいけません。**SWで13通りの球を打ち分けるのは困難ですが、番手を変えれば、同じ打ち方で13種類のアプローチができる**のです。

状況に応じて柔軟なクラブチョイスをすることも、スコアメイクのポイントのひとつ。SWにこだわらず、いろいろな番手でアプローチできるようにしたい

ロジックに沿って考えるトレーニングをしよう

　このように、狙い方ひとつをとっても、**アプローチの判断は非常に複雑に見えますが、その基本はあくまでロジックにあり、その筋道は至ってシンプル**です。

　まずは、**落としどころや転がす量、それにともなう番手選択などの判断を、このロジックに従って行うトレーニングを積んでください**。最初は、ここまで紹介してきたような模式図を書いて、机上でシミュレーションする練習も有効かもしれません。

　そしてコースで実際にたくさんの経験を積むことによって、このような諸判断をいちいち考えなくてもオートマチックにできるようになってきます。そうなったら、そこから先の微調整や応用の部分で、思う存分「感性」を働かせてください。**感性はあくまでロジックというベースの上に乗る味つけ**であって、感性自体が主体にはなりませんが、本当の名手はこの「味つけ」が絶妙なのも事実です。その境地に近づくためにも、「ロジカル・アプローチ」のベースをしっかりと固めましょう。

LOGICAL APPROACH ロジカル・アプローチ

PART 2

アプローチのテクニック

アプローチはスイングの原点

アプローチショットとは、前章の冒頭でも説明したように「振り幅の小さい、加減するショット」です。そのため、動き自体はフルショットの縮小版であると言うことはできますが、実際にその動きを考えるうえでは、フルショットをベースにそれを小さくしようとすると、回転不足になったり、手先だけの動きになるなど「ゆるみ」が生じやすく、いい動きを身につけにくいものです。

そのため、まずは数ヤード程度を打つ、**上半身の動きを主体とした小さな動きを出発点に動きを覚えていき、そこに下半身の動きを足してスイングを大きくしていくというステップを踏むほうが悪い動きが入り込みにくく、上達もスムーズ**です。

その意味では、**アプローチはフルショットの原点であり、スイングの基礎でもある「ゴルフの肝」と言っていい技術**です。これを機に1から見直してみると、ゴルフ全体が大きくレベルアップできると思います。

アプローチはショットの縮小版だが、振り幅が小さいからこそゆるみやすく、ミスが起きやすい

カラダの動かし方は6つのタイプに分かれる

ここからはアプローチの打ち方の具体的な説明をしていきますが、その内容は、**カラダの使い方の特徴によって、上半身で3タイプ、下半身で2タイプに分かれます**。つまり、上下の動きの組み合わせで考えれば、カラダの動かし方には大きく6つのタイプがあるということです。

これらのタイプはどれもが「正解」には違いないのですが、**人によってそれらのタイプのどれがやりやすいかという適性が存在します**。自分の適性に合った動きは自然でやりやすく感じますが、自分の適正と異なるタイプの動きを身につけようとしてもうまくいきませんし、がんばって身につけたとしても、上達のスピードは遅くなります。

これまで、レッスンを受けたり雑誌や書籍の記事などを読んでも、どうもうまくできないとかイメージがわかないといった経験をしたことがある人は多いのではないでしょうか。実はこれは、自分と違ったタイプの人から指導されたり、別のタイプの人のイメージを真似ようとしていた可能性が大いにあります。

実際、あちこちから聞きかじっていろいろなポイントを仕入れてきた結果、複数のパターンがごちゃ混ぜになった状態で技術を発揮しようとしている人がたくさんいます。これはアマチュアに限らずプロにもあり得ることで、上達の大きな障害になるどころか、イップスなどの引き金にもなりかねません。またアプローチはスイングのミニチュア版ですから、自分に合わないイメージで練習やプレーを続けていると、アプローチだけでなくショットまでおかしくなる可能性があります。これは大変危険なことです。

本書はこの分類自体を主旨としたものではないので、各タイプそれぞれの詳細やその確認方法についてそれほど深くは掘り下げることはしませんが、**実際にカラダを動かしたりボールを打つなど試しながら読んでいただければ、どれがやりやすくどれがやりにくいかを感じることができるので、どのタイプが自分に合っているかはわかる**はずです。もし最初はよくわからなくても、「これだろう」と思うタイプに沿ってしばらく続けてみてください。もし合わないものをやっていたら、3カ月もしないうちに違和感が生じたり上達に壁を感じたりするはずです。そのときは早めに見切りをつけて別のタイプを試してみてください。「なるほど、自分はこっちだったか」とハッキリとわかるはずです。

パターのようにクラブを使う「振り子型」

まず最初は上半身の動きを主体とした小さな動きから、3つのタイプをひとつずつ紹介していきます。**下半身は固めて一切使わず、手元が腰よりも下の範囲で動く小さな振り幅での上半身によるスイングで、ボールがほとんど上がらないランニングアプローチの動きでチェック**してください。

ひとつめは、上半身をパッティングの延長のように「振り子」的に使うタイプです。**手先や手首をほとんど使わず、胸郭を中心とした振り子運動で、パターのようにクラブを動かします**。ヘッド軌道はわずかなイン・トゥ・インになり、ゆるやかな入射角で少しソールを滑らせるように、ゾーンでボールをとらえるのが特徴です。距離は振り幅でコントロールし、左右均等にヘッドを等速に動かすイメージのスイングです。

アドレスのボール位置は真ん中より少しだけ右。狭いスタンスでやや左足体重になるぶん、わずかにハンドファーストに構えるのが自然です。

「振り子型」は胸郭を中心とした振り子運動

手先をほとんど使わずに、パターのように胸の回転でストローク。
イン・トゥ・インの自然な軌道で払い打ちのイメージ

胸郭の回転でスイングする

手首を固めて腕と胴体を連動させ、胸郭の回転でクラブを動かすイメージ

やや左足体重でボールは少し右

ボールは真ん中より少しだけ右でそのぶんわずかにハンドファーストに構える

フェース面を変えずに出していく「直線型」

上半身の使い方の**2つめは、ヘッドを直線的に動かして打つタイプ**です。

ひとつめの「振り子型」は胸の中心あたりが動きの支点でしたが、このタイプは**左肩を支点にスイングします。そしてインパクト後に手元を目標方向に押し込むように使うことで、フェース面の向きを変えずにヘッドを真っすぐ出していきます。**ジョーダン・スピースのような動きをイメージしてもらうとわかりやすいかもしれません。

アドレスは、支点となる左肩からクラブヘッドまでが一直線になるようにボールを右足寄りにセットし、左足体重でやや強めのハンドファーストで構えます。そのぶんロフトが立って当たるので、ランが多めに出るのが特徴です。

フェースの開閉をせずストレート軌道でヘッドを動かすので、方向性が出しやすい打ち方です。また、カラダの回転はあまり意識せず手元を押し込むようにフォローを出すので、**バックスイングよりフォローが大きくなります。**

「直線型」はヘッドを真っすぐ動かす

ハンドファーストな構えから、左肩を支点にバックスイングし、
ヘッドを真っすぐ動かしてインパクト後は手元を押し込んでいく

左肩を支点にして フォローを大きく出す

スイングの支点は左肩。バックスイングよりもフォローが大きくなるようにヘッドを出していく

ハンドファースト 強めで構える

ボールを右寄りにセットし、左肩からヘッドまでが一直線になるようにハンドファーストに構える

手首を使ってボールをとらえる「リスト型」

上半身の使い方の3つめは、**手首を使ってクラブを動かす「リスト型」**です。青木功さんの**右手を主体にクラブを操り、手首のコッキングを使って打つ**タイプです。青木功さんのような打ち方を思い出してもらえるとイメージしやすいかもしれません。

スイングの支点は右肩で、手首のコックでクラブを上げていきますが、**ダウンスイングは上から押し込むようにヘッドをボールにぶつける人と、右ヒジを伸ばしながら横から払うように打つ人に分かれます**。前者はヘッドが鋭角に入りやすくバックスピンが多めに入ります。フォローは意識せずスイングはインパクトで終わりという感覚。後者はゆるやかな入射角で払い打つので、少し左手首を甲側に折るようにヘッドを出してフォローを出してもOKです。

アドレスは、いずれもボール位置は右寄りで、左足体重のハンドファーストで構えますが、その度合いは2つめの「直線型」ほど強くありません。

「リスト型」は右サイドが支点

手首を使って右サイドを支点にスイング。ダウンスイングで下方向に押し込み打って終わりのタイプと、横から払うタイプに分かれる

手首を使ってクラブを操る

バックスイングでもコックを使い、それをほどきながらインパクト。右手の動きが主体になる

少し左足体重でボールはやや右寄り

ボール位置は少し右より。「振り子型」よりも左足体重が強めなぶん少しハンドファーストが強め

下半身の使い方は「上下」と「回転」の2種類

ここまで説明した動きは、下半身を使わない上半身だけのスイングなので、振り幅は時計の文字盤でいえば8時〜4時くらいが限界です。ここに下半身の動きが加わることで振り幅を大きくすることができ、球を上げたりもう少し長い距離が打てるようになります。

下半身の動きは大きく分けると2タイプ。下半身を上下方向に使う前後軸主体のタイプと、横方向に回転する垂直軸主体のタイプです。前述の上半身の3タイプがそれぞれ下半身の使い方で2タイプずつに分かれることで、最終的に6タイプに分類できます。

下半身の使い方のタイプを見極めるには、柱や壁など、何でもいいのでどっしりとした動かないものを右手で叩いてみてください。インパクトのボール位置で叩けるように構え、ゴルフスイングの動きで強く右手のひらで押し込みます。このとき、**インパクトの瞬間に、腰の回転が30度以下で正面方向を向いている人は「上下型」、腰が目標方向を向くくらい回転している人は「回転型」**です。

腰の回転量が少ない人は「上下型」

クラブを持たずに右手で素振りをし、インパクトで右手のひらでものを叩いてみる。このとき腰の回転量が少ない人は「上下型」のスイングが合う

腰の回転量が多い人は「回転型」

同様に、インパクトで右手のひらでものを叩いたときに、腰の回転量が多く腰が目標方向を向いている人は、「回転型」の下半身の使い方が合う

バックスイングで沈み ダウンスイングで伸び上がる「上下型」

下半身の使い方のひとつめのタイプは、**バックスイングで下方向に圧をかけ、ダウンスイングからインパクトにかけて上方向に伸びるように下半身を使っていく「上下型」**です。

かつては、上下方向の動きはゴルフスイングにおいてはタブーとされがちでしたが、近年、カラダの使い方の科学的な研究が進むにつれ、合理的に使う方法が明らかになってきました。実際、上下方向の動きが顕著な選手でも、ジャスティン・トーマスやレクシー・トンプソンなどのようにメジャータイトルを獲る選手が続々と出てきています。

この上下動は**股関節の屈曲と伸展が主体になっており、この動作によってカラダを正面から見たときにカラダの重心を中心にカラダが回転する「前後軸」の回転を生み、それによって腕が「振られる」**ように動きます。

切り返しでは、まず最初に左足を踏み込んで地面に圧をかけ、そのあとで左ヒザを伸ばしながら腰を切り上げるようにカラダを回していくのがポイントです。

「上下型」はカラダの上下動を使ってスイング

バックスイングで沈み込み、切り返しで左に踏み込んでから、伸び上がりつつ回転していく。股関節の屈曲と伸展を使って前後軸の回転を意識する

インパクト以降
ヒザが伸びてもOK

ヒザが曲がったり伸びたりする動きでカラダを回転させ、フォローで左腰が切れ上がっていく

左股関節上でクルッと回る「回転型」

下半身の使い方の2つめのタイプは、**その場でクルッと回転するような下半身の使い方をする「回転型」**です。

アプローチのような小さな動きではあまり体重移動を意識する必要はないので、バックスイングでも右に乗っていかず、**左足のカカトを中心にその場で回っていくようなイメージです。地面に突き刺さっている「垂直軸」を意識しながら、バックスイングでは左股関節を内旋、ダウンスイングで外旋させる**ことでその上に乗っている胸郭をスムーズに回転させ、その動きによって腕やクラブが振られます。回転を上体で引っ張らず、あくまで回転の主体が下半身であることを忘れないでください。

頭を止めてスイングするような意識は、スムーズな動きを損ないやすいので不要ですが、あまりグラグラと動くのもよくないので、垂直軸に沿ってうまくバランスを取りながら回転するようにしてください。

「回転型」は左カカトで回る

真ん中よりやや左寄りの垂直の軸をイメージし、左足のカカトを支点に回転していく。インパクト後は少し腰が引けるような感じがあってもOK

股関節を動かして回転する

左股関節をしっかり動かしてベルトラインで回転し、その上に乗っている胸郭を回すイメージ

上半身だけでスイングするとランニングアプローチ

ここまで説明した動きのうち、最初に紹介した**上半身だけの動きで打つのが、ボールを上げずにラン中心で寄せるランニングアプローチ**です。実際は「球を上げない」というよりは、振り幅が小さくヘッドスピードも遅いので球が浮かないのですが、動きのなかに球を上げる動作を入れず、パターの延長のようなイメージで打てればベターです。

３つのタイプによって少しずつ動きは違いますが、ランニングアプローチは余計なスピンが入ると転がりが安定せずにショートしてしまう危険性があるので、いずれの場合も**インパクトをあまり強くせず、等速で静かに振るイメージ**を持ってください。

動きのポイントは、**上半身と下半身をしっかりとセパレートし、下半身を固めて上半身だけでスイングする**ことです。左上の写真のように、下半身を動かさずに胸だけを左右に動かす練習をしてみてください。自分で固めているつもりの下半身がグラグラと動いていることも多いので、鏡などを見ながらチェックするとよいでしょう。

胸だけを動かしてみよう

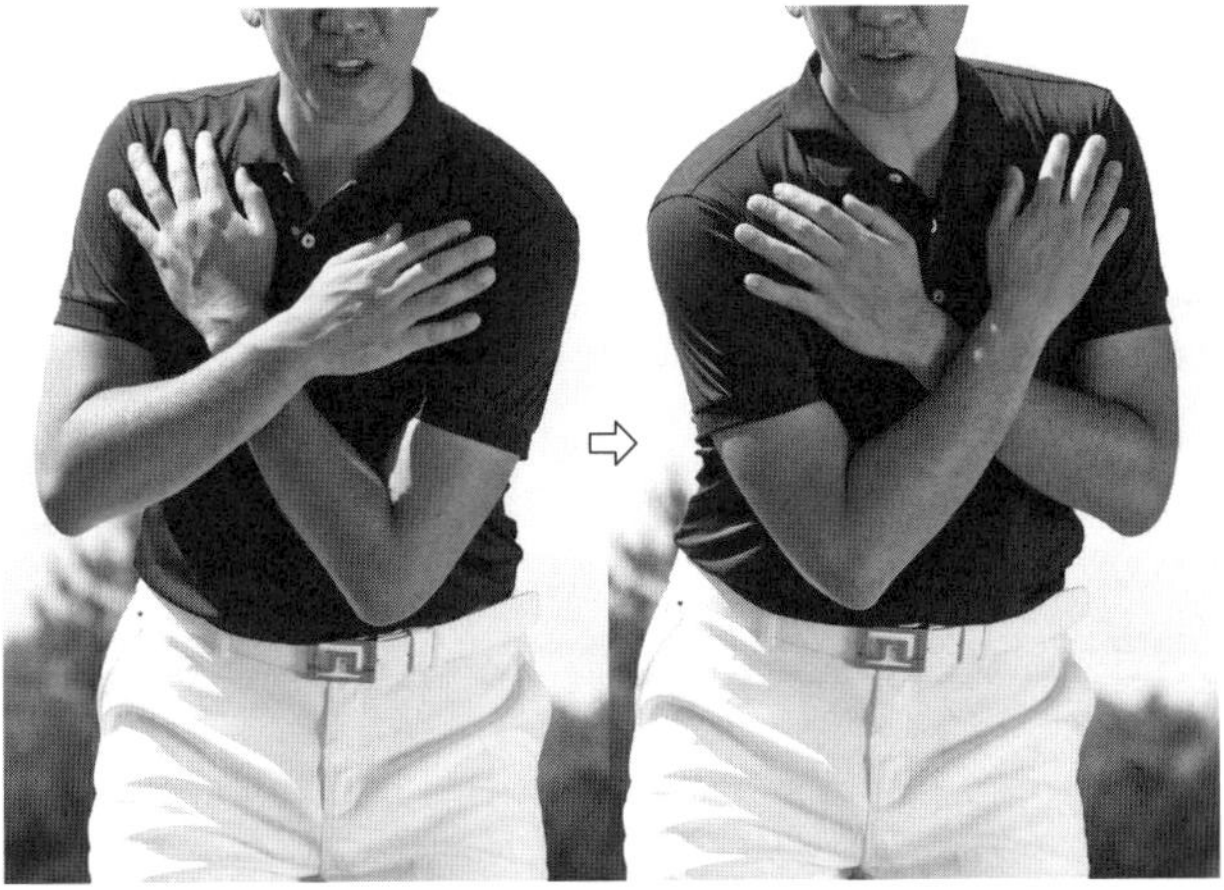

ラニングアプローチは「上半身だけの動き」で打つ。上半身と下半身をセパレートし、下半身を微動だにせずに胸郭だけを左右に回す感覚だ

ここまで説明した3つのタイプの上半身の使い方のうち、自分に合った動きを見つけよう

下半身の動きをプラスしてチップショットとピッチショット

上半身の動きに下半身の動きを足していくと、少しキャリーしてから転がって寄っていくピッチ&ランのアプローチになります。欧米では「チップショット」と呼ばれ、手元が腰より下くらいで動く振り幅です。

「上半身の動きに下半身の動きを足す」とは言いましたが、動きの主体は下半身です。あくまで**下半身の動きによって腕やクラブが振られるという関係が大事**で、その際の腕の動かし方が、前述の3つのタイプに即していればいいのです。

ピッチ&ランは、AWなどの球が上がりすぎないクラブで腕が地面と平行以下くらいの振り幅で打ちますが、**SWなどの球が上がりやすいクラブを使ってピッチ&ランよりもフォローを大きくしていけば、球が高く上がって止められるピッチショットになります。**

バックスイングは大きくしすぎず、フォロースルーの大きさで距離を打ち分けるイメージを持つとスイングがゆるみにくく、ミスなく打つことができます。

ピッチ&ランはAWで1対1くらいが目安

適度にキャリーしてから しっかり転がるピッチ&ランは、
転がりのイメージが出しやすく距離感を出しやすい打ち方

フォローを大きくすればピッチショット

ピッチ&ランの延長で振り幅を大きくしていくと球が上がってランが少なめのピッチショットになる。バックスイングは大きくしすぎずフォローの大きさで距離感を出すイメージ

球をフワリと上げて止めるロブショット

ピッチショットは、動作としてはあまり特別なことをしないチップショットの延長線上のアプローチですが、ピッチショットよりもさらに球を高く上げなければ止められない状況では、少し特殊なロブショットが必要になります。

ロブショットは球を高く上げるショットなので、**大きくフェースを開いてロフトを増やして構え、そのフェースを閉じずにスイングする**ことが大事です。手首をやわらかく使ってヘッドを走らせますが、このとき手元はあまり大きく動かさず、**グリップエンドを支点にクラブの向きが入れ替わることでヘッドが大きく動くイメージでスイングする**のがポイントです。スイング軌道は少しカットでOKですが、上から打ち込むのではなく、ゆるやかな入射角でヘッドをボールの下をくぐらせるように振り抜いてください。

狙った距離に対して大きな振り幅でスイングするため、その違和感に負けてスイングをゆるめると大きなミスになります。恐れずに思い切って振り抜いてください。

ロブショットはフェースを開いたまま振る

アドレスで開いたフェースを閉じずに振り抜くことでロフトが多い状態で球をとらえ、高い球が打てる

クラブの向きが入れ替わる

手元は大きく動かさず、グリップエンドを支点にクラブの向きが入れ替わる

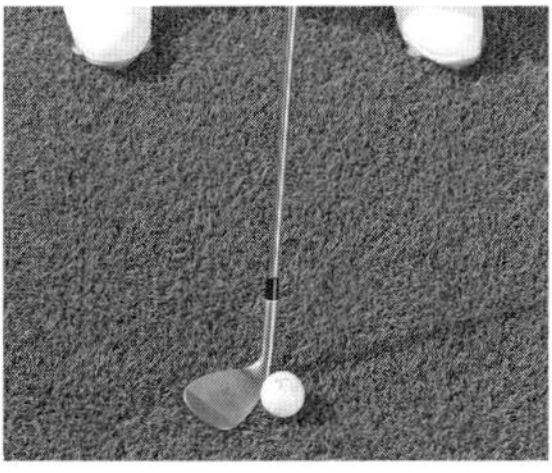

ボールは左に置きフェースを開く

フェースを大きく開き、ボール位置は左寄りにして構えることが大事

世界の有名コーチ❶ デーブ・ペルツ「直線・回転型」

本章では、アプローチの打ち方がいくつかのタイプに分かれることを説明しましたが、**世界的に有名なショートゲームのコーチたちの指導方法も、このいずれかに属します。**

たとえば、ショートゲームの指導に「データ」を取り入れて革新を起こし、多くのトッププロを指導した経験も持つデーブ・ペルツ。膨大なデータを分析した結果、「パッティングでカップインの確率が一番高いのは、カップを43センチオーバーするタッチで打ったときである」という結論を導き出したことでも有名です。

ペルツのメソッドは、上半身は手元とヘッドを真っすぐ出していく「直線型」で、下半身はレベルに回す「回転型」。具体的には、ボールを右寄りにセットし、ヘッドを**真っすぐ引いて真っすぐ出す直線的な動き**でボールをとらえます。ロフトを立てて使う動きなので、ロフトが大きめのウエッジを使って、**ヘッドを低くシャローに動かし、ボールを押し込むようにして方向性を出していくのが特徴**です。

横回転の下半身と直線的な軌道

下半身は「回転型」の動きで、上半身は「直線型」。ヘッドを真っすぐ動かして手元押し込むようにフォローを出していく

ヘッドを低く直線的に動かす

インパクトはゾーンで考え、ハンドファーストを維持したままクラブが平行移動し、ヘッドが地面をなぞるイメージで低く長く動かすのがポイント

ティーチング界の重鎮デーブ・ペルツは1939年生まれ

世界の有名コーチ❷
ジェームズ・シークマン「リスト・回転型」

ジェームズ・シークマンは、ビッグネームへの指導歴はあまりないので日本ではまだ広く知られていませんが、スマイリー・カウフマンやエミリアノ・グリージョをはじめ、多くのPGAプレーヤーを指導するショートゲームコーチとして、アメリカでは有名です。指導者を指導する「ティーチャー・オブ・ティーチャー」としても評価が高い実績のあるコーチでもあります。

彼のメソッドは、**上半身は右サイドを主体とした「リスト型」**で、**下半身は「回転型」**というタイプ。バックスイングをインサイド気味に上げる独特のメソッドですが、イン・トゥ・インのスムーズな扇形のプレーンに沿ってクラブを動かすことを推奨しています。

とくに**右腕を主体とした右サイドの動きを重視しており、バックスイングを右で引いてダウンスイングは右で押す**ことでクラブを動かし、左サイドが引けてしまってもOKという考え方の持ち主です。

右サイド主体の横回転

下半身の横回転に合わせて、右サイドでクラブをさばく。イン・トゥ・インの扇形の軌道で、バックスイングも多少インサイドに入るのが特徴

右腕でクラブを操るスイング

右腕で引っ張るようにバックスイングし、ダウンスイングも右腕で押していく。バックスイングは多少インに上がってもいいが、手元が浮かないように注意

ジェームズ・シークマンは、コーチを教える指導者としても有名

世界の有名コーチ❸
ピート・コーウェン「リスト・上下型」

ピート・コーウェンはヘンリク・ステンソンのコーチとして有名で、スイングコーチのイメージが強いですが、全米オープンを2連覇中のブルックス・ケプカとは、ショートゲームだけのコーチとして契約しているなど、ショートゲームの指導にも定評があります。

コーウェンのメソッドはカラダを**上下方向に使う理論の代表格とも言え、アプローチにおいてもバックスイングで伸び上がり、ダウンスイングでは下方向に押し込むような下半身の使い方をする**のが大きな特徴です。この動きに合わせて腕も上下方向に使うのですが、とくに**右腕を主体的に使ってスイングし、ダウンスイングで右手を下方向に押し込むようにしてクラブを振り下ろします。**

「リスト型」と言うほど手首のコックを使うわけではありませんが、上からしっかりヒットして、フォローはあまり意識しないという点は「リスト型」の上半身の使い方に分類できると思います。

下半身を上下に使う前後軸回転でスイング

バックスイングで伸び上がり、ダウンスイングで一度沈んでまた伸び上がる上下動を積極的に使い、前後軸の回転でスイングするのが特徴

右サイドを引いて押し込む動き

バックスイングでは右サイドを引き上げるように動き、切り返し以降でそれを下方向に押し込むとともに、左サイドが切れ上がっていく動きでクラブを振る

ピート・コーウェンは、1951年生まれの英国人ベテランコーチ

世界の有名コーチ❹ スタン・アトレー「リスト&振り子・上下型」

アメリカ生まれのショートゲームコーチ、スタン・アトレーは、PGAツアーで4勝を挙げているスコット・ピアシーのショートゲームコーチで、ショットメーカーながらアプローチに難のあったピアシーをレベルアップさせたことで名を上げました。

アトレーのメソッドは、**グリップエンドを支点に手首のコックを使ってバックスイングし、インパクトからフォローにかけてはヘッドをリリースしながらカラダも回転させる「リスト＋振り子」の変則的な上半身の使い方が特徴**です。フォローでは、グリップエンドがおへそを指すようにヘッドがリリースされていきます。

そして下半身は、バックスイングで沈み込み、インパクトからフォロースルーにかけて左サイドが伸び上がっていく「上下型」です。このとき、しっかり前傾角度を保って前後軸で回転できれば、伸び上がる動きがあってもトップすることなく、厚くボールをとらえてヘッドを目標方向に出していけます。

左肩を支点に沈んで伸び上がる

下半身は左ヒザの屈伸動作を使った上下の動き。コックを使ってバックスイングしつつ、振り子のようにフォローでヘッドを出していくのが特徴

○

×

前傾姿勢のキープがカギ

上下動のなかでも股関節をしっかり動かし前傾姿勢を維持できれば、トップせずにボールをとらえられる

スタン・アトレーの理論は個性的だが、多くのPGA選手を指導している

腕を使う理論が多いが腕とカラダの同調は大前提

今回取り上げた有名コーチたちのメソッドを見てみると、手元を押し込む「直線型」や手首を使う「リスト型」など、手を積極的に使ってアプローチするタイプが多いと感じるかもしれません。しかし「振り子型」を推奨している有名コーチには、デビッド・レッドベターなどがおり、めずらしいわけではありません。ただ、オーソドックスでシンプルなメソッドなので、今回はあえて取り上げませんでした。

とは言え、**手を使ってアプローチをしようとしたときに生じるむずかしさに悩む人は多く、そこを解決する手助けを求めて、そのタイプのコーチに需要が多い**という側面はあると思います。

いずれにしても、アプローチで重要なのは、「手を使う」タイプであってもただ**手先だけでクラブを振るのではなく、手の動きを上半身の動きとしっかりと同調させて動くこと。そして下半身の動きを疎かにしないこと**だということを忘れないでください。

LOGICAL APPROACH ロジカル・アプローチ

PART 3

データで見るアプローチ

トラックマンを使って
アプローチを分析

ここまで、アプローチの基本技術について説明してきましたが、本章では**打ち方やクラブ選択などによって弾道がどう変わるのかということを、弾道解析器「トラックマン」を使って取ったデータを元に考察していきます。**

「トラックマン」は、デンマークで開発された弾道解析器で、2つのレーダーを使ってクラブヘッドの動きとボールの諸元を実測するもの。欧米のトップコーチにとっては必需品となりつつある弾道解析器のなかでもトップシェアを誇り、とくに飛球データの正確さには定評があります。最近ではゴルフの試合のテレビ中継などで、選手が打った弾道の軌跡や初速、バックスピン量などのデータが表示されるようになりましたが、そういった場面でもトラックマンが多く使用されています。

世界のトップコーチたちは、ショットのみならずアプローチにおいてもこういった機器を駆使してデータを取り、コーチングに生かしているのです。

弾道計測器を使って、クラブと弾道の諸データを計測するのは、欧米ではもはや常識となっている

実験❶
30ヤードをロフト別にアプローチ

まず最初に実験したのは、ウエッジのロフトによってボールの飛びがどう変わるかです。基本的には、同じスイングをすればロフトが立っているクラブのほうが打ち出し角が低くなり、低い球で飛距離が出る。これはゴルフの常識ですし、みなさんもイメージできると思います。

ですが、実際のアプローチの場面で問題になるのは、**ピンを狙って同じ距離を打ったときにどのウエッジがどのくらい転がるかということ。これによって、ボールからピンまでの距離をどれだけキャリーさせてどれだけ転がすかが決まり、落としどころも決まります。**

そこで今回は、**30ヤードのピンをロフト47度、50度、52度、54度、56度、58度、60度の7本のウエッジで狙い、そのときのキャリーの距離、打ち出し角、バックスピン量を測定しました。**ウエッジは、フォーティーンの「FTフォージドウェッジ」、ボールはタイトリストの「プロV1」を使用しました。左がそのデータです。

表1 ロフト別の30ヤードのアプローチ

ロフト	トータル	キャリー	ラン	比率	打ち出し角	バックスピン
47度	30.5Y	21.1Y	9.4Y	2.2：1	27.9度	2237rpm
50度	29.6Y	21.1Y	8.5Y	2.5：1	29.2度	3658rpm
52度	31.0Y	23.8Y	7.2Y	3.3：1	30.1度	4097rpm
54度	30.6Y	23.9Y	6.7Y	3.6：1	30.2度	4789rpm
56度	29.4Y	23.4Y	6.0Y	3.9：1	30.7度	4786rpm
58度	29.4Y	23.6Y	5.8Y	4.1：1	36.7度	3754rpm
60度	30.5Y	23.7Y	6.8Y	3.5：1	37.5度	3339rpm
60度※	29.9Y	25.2Y	4.7Y	5.4：1	32.3度	5727rpm

各ロフトでトータル30ヤードになるように調節して打ち、距離の誤差が±1ヤード以内に収まった5球の平均値をとった

最近の単品ウエッジはロフト設定が多彩で、必要なロフトを自在に選べる。フォーティーンの「FT フォージド」もほぼ２度刻み

ロフトが大きいクラブはボールがフェースに乗りにくい

実際にボールを打って計測するうえで、トータルの距離をピッタリ30ヤードに合わせるのは不可能ですので、このデータはトータル距離が30ヤードの±1ヤード以内に収まったボール5球の平均値を取りました。その意味ではトータル距離に若干のバラツキが出ていますので、「どれだけ転がったか」の指標は、ランの実測距離を見るよりも、「比率」の項目を見ていただいたほうがイメージしやすいと思います。

まず**47度から54度までのウエッジに関しては、すべての項目でロフトが大きいウエッジのほうがランが少なく、高く打ち出されてバックスピンも多いという単純な階段状にデータがそろっています**。

ここまでは概ね予想どおりでしたが、ロフトが増えるにしたがって少し違った様相を呈してきます。56度は54度よりもランが少ないし打ち出し角も高いですが、バックスピンが増えていません。また58度に関しては、打ち出し角が高い代わりにバックスピンが約

1000rpmも減っており、トータルの転がり具合に56度と大きな差が出ませんでした。さらに60度になると、打ち出し角の高さは出ている反面、バックスピン量が50度以下の水準まで減って、58度よりもランが多いという結果になっています。

これは、**58度を超えるようなロフトが大きいクラブで通常のピッチ&ランのシンプルな打ち方をすると、インパクトでフェースにボールが乗らず、少しヘッドがボールの下をくぐるような状態になって、バックスピンが減るという現象が起こった**ことが原因です。

実際に私が試打をしていても、60度のウエッジでは急激にミスショットの比率が増え、ピンの±1ヤードの幅に収まらない打球が頻出しました。わずかな打点の上下がミスに直結するむずかしさがあると感じました。この辺が、「ロフトが大きすぎるウエッジはむずかしい」と言われるゆえんでしょう。

そこで今度は、60度のウエッジで少しロフトを立ててフェースにボールを乗せるイメージで打ってみました。その結果が、表の一番下にある「60度※」のデータです。

これを見ると、打ち出し角は56度よりも高く出て、バックスピンが5727rpmまで増えたことで、ランが5ヤード以下になりました。こうすることで60度のウエッジらしい、「高くて止まる球」が打てたのです。

PWで2対1、SWで4対1がキャリーとランの指標になる

こういったキャリーとランの比率などは、スイングのタイプによって大きく変わってきますので、あくまで私の場合の一例として見ていただく必要がありますし、グリーンの状態などによっても違ってきますが、一般的なアベレージ向けアイアンのPWよりも少しロフトが多い**47度のウエッジで、30ヤード打ったときのキャリーとランが約2対1程度、56度や58度のSWで4対1程度というのはひとつの指標になる**かと思います。

もし、芝の上でアプローチの練習をする機会があれば、**実際に自分のスイングでこのようなデータを取ってみると、プレーを組み立てるうえで非常に有効なものとなる**でしょう。トラックマンなどの計測器がなくても、グリーン上に3〜5ヤードごとくらいの間隔で距離の目安となる目印を置いて打てば、どこに落ちたかを目視で確認することもできます。

少なくとも、自分のPW、AW、SWについて、こういった基準を作っておくことで、アプローチをよりロジカルに考えることができるようになるはずです。

自分のウエッジのだいたいのキャリーとランの比率を知るために、機会があれば実験してほしい

実験❷ ボール位置を左右に変えてアプローチ

次に行ったのは、**スイングを変えずにボール位置を変えると、弾道や飛距離にどんな変化が出るかという実験**です。

58度のウエッジを用いて、**両足のセンターにボールを置いた場合を基準に、それよりも左右それぞれボール2個分ズラして置いた場合でデータを取りました**。今回は飛距離の差も重要なので、クラブスピードが15～16m／秒にそろうようにスイングしました。

単純にトータル距離を見ると、**センターで約30ヤード飛んだのに対して、ボール2個分左寄りに置くとインパクトロフトが6・2度寝て6・4ヤード減、ボール2個分右に置くとインパクトロフトが13・2度立って3・2ヤード増となりました**。ボールを右に置いたときにロフトがかなり立った割にはトータル距離の差が思ったより出なかったものの、距離の増減は概ね予想の範囲内といえます。

しかし、実際に私が打ってみて、ボールを右に2個分ズラして通常どおりスイングしよ

表2 ボール位置を変えてアプローチ

ボール位置	クラブスピード	トータル	キャリー	ラン
センター	15.1m/s	29.2y	21.5y	7.7y
左寄り	15.9m/s	22.8y	17.7y	5.1y
右寄り	15.4m/s	32.4y	21.7y	10.7y
右寄り※	15.1m/s	31.1y	21.8y	9.3y

ボール位置	入射角	インパクトロフト	打ち出し角	バックスピン
センター	-3.6度	45.8度	37.5度	2727rpm
左寄り	-1.3度	52度	43.9度	2430rpm
右寄り	-6.8度	32.6度	20.3度	4583rpm
右寄り※	-4度	35.8度	24.8度	3866rpm

センターに対して、左右それぞれボール2個分ボール位置を変えてアプローチ。「右寄り※」は打ち方をアレンジ

うとすると、入射角が鋭角になりすぎてヘッドが突っかかる感じがあり、ミスショットの比率が非常に高くなってしまいました。

そこで、ボール位置を右に2個ズラした場合で、スイングのイメージを少し変えて入射角を少しゆるやかにし、手前から払って打つようにしてみました。その結果が表2の一番下にある「右寄り※」のデータです。

センターと比べて飛距離は1・9ヤード増にとどまりましたが、入射角やスピン量が減っています。そしてデータ以上に、ミスヒットの確率が減って、安定して低い球が打てるようになりました。

ボール位置が変われば打ち方もアレンジする

今回この実験を行って、厳密な意味で「**ボール位置だけを変えて同じように打つ**」というのは**あまり現実的ではなく、実際には意識的にせよ無意識にせよ、ほとんどのプレーヤーはボール位置に合わせて打ち方に若干のアレンジを入れている**ということ、そしてそのほうがミスが少なく確実に効果を発揮できるということは言えると思います。

私の場合は、ボールを右に置いたときに打ちにくさが生じました。これを解消するためには、ボールを右に置いても入射角が鋭角になりすぎず、インパクトが点にならないよう、**ロフトは立てつつもゆるやかな入射角で手前から払うように打つ**こと。右手首の角度をキープして横から押し込むようにボールをとらえるのがポイントです。

一方、ボール位置が左になったときは、**少しヘッドのリリースを早めて、手首をフリップするようにボールを拾っていきましょう**。ただしこれは、ボールのライがよく、ボールが多少浮いている状態でないとトップしやすいので注意してください。

ボールを右にしたらリリースを遅らせる

手元を押し込むようにしてハンドファーストのまま振り抜く

右手首の角度を保ったまま、リリースを遅らせてカラダを回していく

ボールを左にしたらリリースを早める

ヘッドを先行させるようにクラブをリリースしてボールを拾う

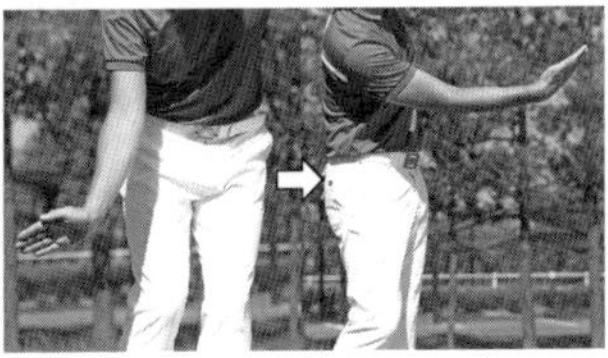

右手首を手のひら側に折るように早めにリリースしていく

実験❸ フェースを開いてアプローチ

アプローチでボールを上げたいときは、フェースを開いてロフトを増やすというのは常套手段です。そこで次は、**58度のウエッジのフェースを開いて打ったときにボールの飛びはどのように変わるかを実験し、計測してみました。**今回はフェースがスクエアな状態と、少し開いたとき、大きく開いたときの3パターンで、いずれもトータル飛距離が30ヤードになるように打ちました。

まず、同じ距離を打つのに対して、フェースを多く開くほどクラブスピードを上げる必要があります。そしてフェースを開いたぶん、打ち出し角、インパクトロフトともに増え、ランが減ります。

しかしデータを見ると、**スクエアな場合とフェースを少し開いた場合での弾道の差があまり現れず、大きく開いた場合においても想像していたほどの差が出ませんでした。**実際に打った印象としては、フェースを開いたぶんだけ、同じ距離を大きく振れる（大きなス

表3 フェースの開き方を変えてアプローチ

開き方	クラブスピード	トータル	キャリー	ラン
スクエア	15.5m/s	30y	22y	8y
開き 小	17.3m/s	30.4y	22.6y	7.8y
開き 大	21.4m/s	30.4y	25.8y	4.6y

開き方	入射角	インパクトロフト	打ち出し角	バックスピン
スクエア	-2.5度	44度	35.9度	2657rpm
開き 小	-3.3度	44.8度	36.7度	2708rpm
開き 大	-3.2度	56.2度	46.8度	3427rpm

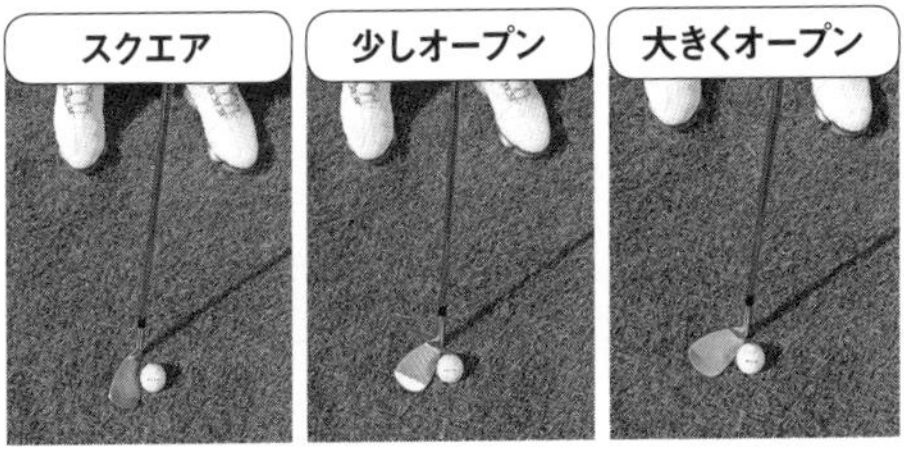

同じようにスイングするとロフトが増えるぶんの違いは一応は出たものの、予想よりも差が小さかった

イングが必要になる）という点が強く、たしかに球は上がるものの、打球をあまりうまくコントロールできている感じはありませんでした。

　しかしこれは、あくまで「同じようにスイングしたとき」の結果です。実は、**フェースを開けば開くほどクラブフェースにボールが乗らず、ヘッドがボールの下をくぐってしまい、ボールとしてはスピンの少ない「死に球」になっていました。**

開いたフェースにボールを乗せてスピンをかける

コースでは、グリーン奥から下り傾斜に落として惰性で寄せる場合など、このようにヘッドを抜くようにスイングして「死に球」を意図的に打つことはありますが、ボールのコントロールは非常にむずかしく、実験1で60度のウエッジで打ったときのように下をくぐるミスヒットも増えます。

そこで**実際に多用するのは、フェースを開きながらも、インパクトでボールをフェースに乗せてボールを運ぶ打ち方です。このほうがフェースとボールの接触時間が長いぶんボールコントロールがしやすく、打ち出し角は少し低くなるもののスピンが利いてボールを止めることができます。**

具体的な打ち方としては、**振り幅を抑えながらスイングスピードは上げてシャープに振ります。ダウンスイングでクラブのリリースを少し遅らせてヘッドの入射角をやや鋭角にしてフェースにボールを乗せていくのがポイントです。**

	入射角	インパクトロフト	打ち出し角	バックスピン
	-3.2度	56.2度	46.8度	3427rpm
	-4.4度	46.9度	31.2度	5531rpm

ヘッドを抜いていくとフワリとした球が打てる

ダウンスイングでリリースを早めてボールの下をくぐらせるように振り抜いていく

フェースに乗せていくとスピンがかかる

リリースを遅らせつつヘッドを走らせ、フェースにボールを乗せて運ぶ

表4 フェースを開いた2つの打ち方のデータ

打ち方	クラブスピード	トータル	キャリー	ラン	
抜く	21.4m/s	30.4y	25.8y	4.6y	
乗せる	19.6m/s	30.7y	25y	5.7y	

実験④ヘッド軌道を変えて打ってみる

アプローチでは、フェースの開閉や入射角のコントロールのほかにも、クラブヘッドの軌道で弾道をコントロールするテクニックがあります。**ヘッド軌道はイン・トゥ・インのストレート軌道を基本とすれば、それよりもアウトサイド・イン、インサイド・アウトというようにクラブパスを変えることによって、弾道にも変化が出ます。**

そこで58度のウエッジのピッチ&ランで、イン・トゥ・イン、アウトサイド・イン、インサイド・アウトとそれぞれ軌道を変えて打ってみました。今回は、落としどころを12〜13ヤードほど先に設定し、そこにキャリーさせるという方法をとりました。

クラブパスはターゲットに対するヘッド軌道が何度かを表し、マイナスはアウトサイド・イン、プラスはインサイド・アウトを表します。またフェース・トゥ・パスとは、ヘッド軌道に対してフェースが何度どちらを向いているかを示し、マイナスの場合はヘッド軌道に対してフェースがクローズであることを、プラスの場合はヘッド軌道に対してフェース

表5 クラブパスを変えてアプローチ

軌道	クラブパス	フェーストゥパス	入射角	打ち出し角
ストレート	-0.2度	-2.7度	-3.5度	34度
アウトサイド・イン	-8.9度	5.9度	-4.6度	42度
インサイド・アウト	11度	-11.1度	-1度	35.4度

軌道	バックスピン	キャリー	ラン	トータル
ストレート	2579rpm	12.7y	5.3y	18y
アウトサイド・イン	3474rpm	12.7y	4.7y	17.4y
インサイド・アウト	1657rpm	12.1y	6.8y	18.9y

同じ距離をキャリーさせるように打つと、入射角と打ち出し角に違いが現れ、スピン量も大きく変わった

がオープンであることを示しています。

弾道を見ると、**アウトサイド・インの場合、入射角は鋭角になり、フェースが開いているぶん球は少し高めに出て、スピンが多めに入ってランが減ったぶんトータルの距離も落ちます。反対にインサイド・アウトの軌道では、入射角が1度と非常にゆるやかになり、バックスピンが減ってランが出たぶんトータルの距離も伸びました。**

このように、アウトサイド・イン軌道は入射角が鋭角に、インサイド・アウト軌道は入射角がゆるやかになるという傾向があります。これはアプローチに限らず、ゴルフスイング全体に言えることです。

打球を曲げるよりも入射角のコントロールに有効

　ショットの場合、クラブの軌道を変えることによって、ドローやフェードを打ち分けることができますが、アプローチの場合は、ヘッドスピードがフルショットほど出ないうえ、滞空時間も短く、ボールをそれほど大きく曲げることはできません。

　そのためアプローチでは、打球を曲げることよりも、**入射角のコントロールと、それにともなう球の転がりをコントロールするためにヘッド軌道を変える**のが普通です。アウトサイド・インのカット軌道は入射角が上から鋭角になりやすいので、ライが悪いときや左足下がりなど、ボールをクリーンに打ちたいときに有効です。また、ボールを止めるためにスピンをかける場合も、インサイド・アウトよりはアウトサイド・インのほうが有効です。

　反対に**インサイド・アウト軌道は入射角がゆるやかになりやすいので、ボールを払い打ちしたいときや、左足上がりなどでややアッパーめにボールをとらえたいとき**に意識的にインサイド・アウトでスイングすることがあります。また、ランニングアプローチなどでボールに余計なスピンを入れずにスムーズに転がしたいときも、インサイド・アウト気味に振ることが有効です。

入射角のコントロールのしかたについては次章で説明しますが、このようにクラブの軌道によって入射角やスピン量などをコントロールする方法もあるということも覚えておいてください。

アウトサイド・イン

入射角が鋭角になりやすいのでボールをクリーンにとらえたいときに有効

インサイド・アウト

入射角がゆるやかになるので、払い打ちしたいときはインサイド・アウト

実験⑤ ボールを変えて打ってみる

ここまで打ち方による弾道の違いを説明してきましたが、少し趣向を変えてボールの違いによる弾道の違いについて触れてみたいと思います。

いま**ゴルフボールは、多様化、細分化が進んでいますが、大雑把に分けると、「プロボール」と呼ばれるスピン系のボールと、「アマボール」などとも呼ばれるディスタンス系のボールに大きく分けることができます。**

前者は、ボール表面のカバー層がウレタン素材でできており、フェースとの接触時間が長く

スピン系
（プロボール）

ディスタンス系
（アマボール）

	ラン	打ち出し角	バックスピン
	10.1y	37度	2830rpm
	8.3y	40.8度	1919rpm

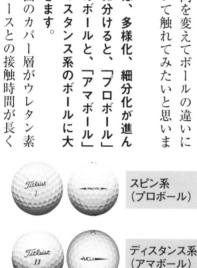

アイアンショットやアプローチでスピンがかかります。後者は、ボール表面のカバー層がアイオノマーやサーリンなどと呼ばれるプラスチック系の素材でできていて、反発力が強く飛距離性能が優れる反面、バックスピンがかかりにくいという特徴があります。

実際にクラブスピード20m／秒で打ち比べてみると、**意外にもスピン系ボールのほうが飛距離が出ました。**これは、クラブスピードの低い領域では、本来ドライバーショットで生きるディスタンス系のコアの反発力などが生きないためと思われます。**そしてディスタンス系のボールのほうが打ち出し角が高く、スピンの少ない「死に球」でポトリと落ちて止まりました。**

このデータはあくまで簡易的なテストの一例にすぎず、打つ距離やボールの銘柄などを変えると別の結果が出るかもしれませんが、**ボールによってこれほど大きな差が出る**のだということは覚えておいてください。

表6　スピン系ボールとディスタンス系ボールのデータ

	クラブスピード	トータル	キャリー	
スピン系	20.7m/s	44.4y	34.3y	
ディスタンス系	20.3m/s	38.4y	30.1y	

あくまで参考値だが、アプローチにおいてはディスタンス系のほうが飛ぶという図式は当てはまらないが、スピン量はスピン系が多い

実験❻ 打ち方による弾道の違い

本章の最後では、ランニングアプローチ、ピッチ&ラン、ロブショットの3つの打ち方における弾道の違いを、参考までに表にまとめておきます。58度のウエッジで、トータル距離が18ヤード前後になるように打った場合のデータです。

これはあくまで一例で、クラブスピードによって、打ち出し角やスピン量なども変わり、距離が増減しても単純な比例関係にならないので注意してください。

表7 SWでの打ち方による弾道の差

打ち方	トータル	キャリー	ラン
ランニング	17.2y	9.9y	7.3y
ピッチ&ラン	17.5y	12.4y	5.1y
ロブショット	18.6y	15.1y	3.5y

打ち方	比率	打ち出し角	バックスピン
ランニング	1.4：1	32.7度	2674rpm
ピッチ&ラン	2.4：1	37.5度	3043rpm
ロブショット	4.3：1	53.2度	2281rpm

ロフト58度のウエッジでトータル約18ヤードを打って実験。
パート2で紹介した打ち方に準じて3パターンで試打した

LOGICAL APPROACH ロジカル・アプローチ

PART 4

アプローチの実戦テクニック

単品ウエッジはロフトを選べるのが魅力

本章では、パート2で説明した基本の技術に加えて、コースで実際に役に立つアプローチの応用技術を紹介していこうと思います。その前にまず、14本のクラブセッティングのなかでのウエッジ選びについてお話ししましょう。

いま、ウエッジの多くはアイアンセットとは別の、専用設計の「単品モノ」が主流です。かつてはアイアンセットにはPWとSW（場合によってはAWも）が含まれたセットが多く、それをそのまま使うのが当たり前でした。しかしいまは、アイアンセットの多くがPWまでを基準にしており、セットにSWまであっても、AW、SWを単品で購入するケースが増えています。

単品ウエッジは、ロフトの選択肢が多いという点が最大の魅力です。47〜48度前後のPW相当のロフトから、多いものでは62〜64度くらいのロブウエッジ相当まで、**2〜3度刻みでラインナップされているので、セッティングの幅が広がるのです。**

アイアンセットとは別にウエッジ専用で設計されているクラブは、アイアンよりもミスの許容性や飛距離性能などでは劣るものの、ロフトのラインナップが豊富で、操作性が高くスピン性能に優れており、意図した距離を意図した弾道で打ちやすい

フルショットの距離でロフトを選ぼう

ウエッジ選びに際して、最初に考えてほしいのはロフトです。**ではロフトを選ぶ基準は何かというと、まずはフルショットの距離**がよいでしょう。

本書の冒頭で、「アプローチとは加減するショットだ」と言いましたが、その「加減」にアプローチのむずかしさがあるとするならば、ウエッジのロフトをうまく選んでフルショットでカバーできる領域を増やすことで、このむずかしさを大幅に回避できるのです。

いま、日本のプロゴルファーは、PWの下に52度前後のAWと58度前後のSWを入れる「3本体制」が主流です。しかしアマチュアがこれを真似た場合、PW、AW、SWの3本で100ヤード以下をすべてカバーしなければならず、1本の担当領域が広くなり、コントロールショットが求められる場面も増え、1本のウエッジに求められるスイングの調節幅も広くなってしまいます。ですから、**ウエッジの本数は3本（PW＋2本）という固定概念にとらわれず、必要に応じて増やしたほうがショートゲームはやさしくなります。**

【例1】 ウエッジ3本

番手	PW	AW	SW
ロフト	45度	52度	58度
フルショット	110y	80y	60y
担当幅	30y→	←20y→	60y→

ロフトが6～7度間隔の3本では、1本の担当距離幅が広くなるため「調節力」が求められる

【例2】 ウエッジ4本(A)

番手	PW	AW 1	AW 2	SW
ロフト	45度	50度	54度	58度
フルショット	110y	90y	75y	60y
担当幅	20y→	←15y→	←15y→	60y→

AWを2本にしてロフトピッチを4～5度に狭めることで、1本の担当領域を減らすことができる

【例3】 ウエッジ4本(B)

番手	PW	AW	SW 1	SW 2
ロフト	45度	52度	56度	60度
フルショット	110y	80y	70y	50y
担当幅	30y→	←20y→	←20y→	50y→

SWのロフトを60度に増やせば、より短い距離までフルショットで対応することができるようになる

【例4】 ウエッジ5本

番手	PW	AW 1	AW 2	SW 1	SW 2
ロフト	45度	48度	52度	56度	60度
フルショット	110y	95y	80y	70y	50y
担当幅	15y→	←15y→	←15y→	←20y→	50y→

ウエッジを5本にまで増やせれば、100～40ヤード程度までならほぼフルショットのみでグリーンに乗せることができるようになり、コントロールショットの必要性が減る

ロフトの大きいウエッジは高い球をやさしく打てる

フルショットでカバーできる領域を増やし、番手ごとの担当距離を狭くするという意味では、**60度以上のロフトの大きいウエッジを入れるのも、個人的にはおすすめです**。56度や58度のSWのフェースを開いて高い球を打ちたい場面でも、62度や64度のウエッジがあれば、それで普通に打つだけで高くて止まる球を打てるわけです。

ただし注意してほしいのは、やはりロフトの大きいウエッジは上下の打点のミスに弱いという点です。パート3で実験した際にも、58度以上のウエッジを普通に打つとミスヒットの確率が上がり、ボールの下をくぐるようなミスが増えました。その意味では、前述のような**「フェースにボールを乗せる」技術を身につけておきたい**ですね。

また、パート2で紹介した上半身の使い方のうち、**手元を押し込む「直線型」の人は、インパクトロフトが立ちやすく、ロフトの大きいウエッジでもくぐるミスは出にくいので、ロフト60度以上のウエッジを積極的に使っても危険は少ない**と思います。

ロフトの大きいウエッジを立てて使いたい

上半身の使い方が「直線型」の人はロフトの大きいウエッジとの相性がいいが、フェースにボールを乗せるテクニックも身につけておきたい

ウエッジを増やすためにFWかUTを抜こう

ロフト何度のウエッジを入れるか迷っている人は、ラウンド中、100ヤード未満の距離が残ったときに、何ヤード残ったかを毎回メモしてみてください。メンバーシップをお持ちの方はホームコースを中心に、できれば5〜10ラウンドくらい統計をとってみましょう。すると、自分のゴルフで「残りやすい距離」の傾向が見えてきます。それがわかったら、その**「残りやすい距離」を気持ちよく打てるロフトのウエッジを入れ、そこを中心にほかのウエッジのロフトを決めていくと、「使えるセッティング」が作れるはずです。**

ここで、ウエッジを増やすことによって、クラブが14本に収まらなくなるという問題が発生するかもしれません。そうなると、既存のクラブセッティングから1本ないし2本のクラブを抜かなければならなくなる。現実的にはFWやUTから1本減らす必要が出てくるでしょう。

FWやUTを減らすと、パー5の2打目などの長い距離を打つ場面でデメリットが生じるのは事実です。しかし、実際のコースでのプレーでの有用性を考えてみてください。

たとえばグリーンまで220ヤード前後の長い距離が残ったとします。このとき、その距離を3Wで打って、グリーンオンさせられる可能性はどのくらいありますか？　平均スコアが100前後の人なら、多く見積もっても2割以下ではないでしょうか。となると、8割方短いアプローチが残ることになります。一方、3Wの代わりにウエッジを増やした場合、1番手下の5WかUTで届かないのを覚悟で打つことになりますが、この場合も、ナイスショットしても多少ミスしても、やはり短いアプローチが残るわけです。

そう考えると、3Wで狙っても5Wで打っても、3Wでうまく打てた20％以下のケース以外では、だいたい短いアプローチが残る。そのときに役立つウエッジを持っていることは、大きなメリットがあるはずです。

しかも普通のアマチュアにとって、いいライから3Wを使える機会は、ラウンド中あってせいぜい1～2回。一方、そのくらいの腕前の人にとっては、グリーンを外しての短いアプローチは、ほぼ毎ホール打っているはずです。**ごく少ない機会の20％以下のギャンブルショットのために3Wを残してウエッジを諦めるか、困ったときに役立つウエッジを増やすか、どちらがスコアメイクに役立つかは、明らかでしょう。**

バンス大きめのウエッジはお助け効果が大きい

ウエッジの機能を考えるときに、見逃せないのが「バンス」です。**バンスとは、ウエッジのソールの、リーディングエッジよりも下に出っ張った部分のことを指します。**

最近の単品ウエッジは、同じモデルの同じロフトでも、バンス角やソールのバリエーションを選べるモデルが増えています。このバンスの大きさや形状が自分のスイングや打ち方とマッチしていると、ヘッドが突っかからずにスムーズに抜けてフェースにボールが乗りやすく、ミスをカバーしてくれたり、弾道が安定するなどの効果があります。

傾向としては、入射角が鋭角な人ほどハイバンスが合いやすく、入射角がゆるやかな人のほうがバンスが小さめのモデルが合いやすいですが、基本的には**バンス大きめのほうが「お助け効果」が大きくミスに強いと言っていいと思います。**実際に芝の上で打ってみて、少し手前からソールを滑らせるようにダフらせ気味に打ったときに、気持ちよく抜けてフェースにボールが乗る感触があるものを選びましょう。

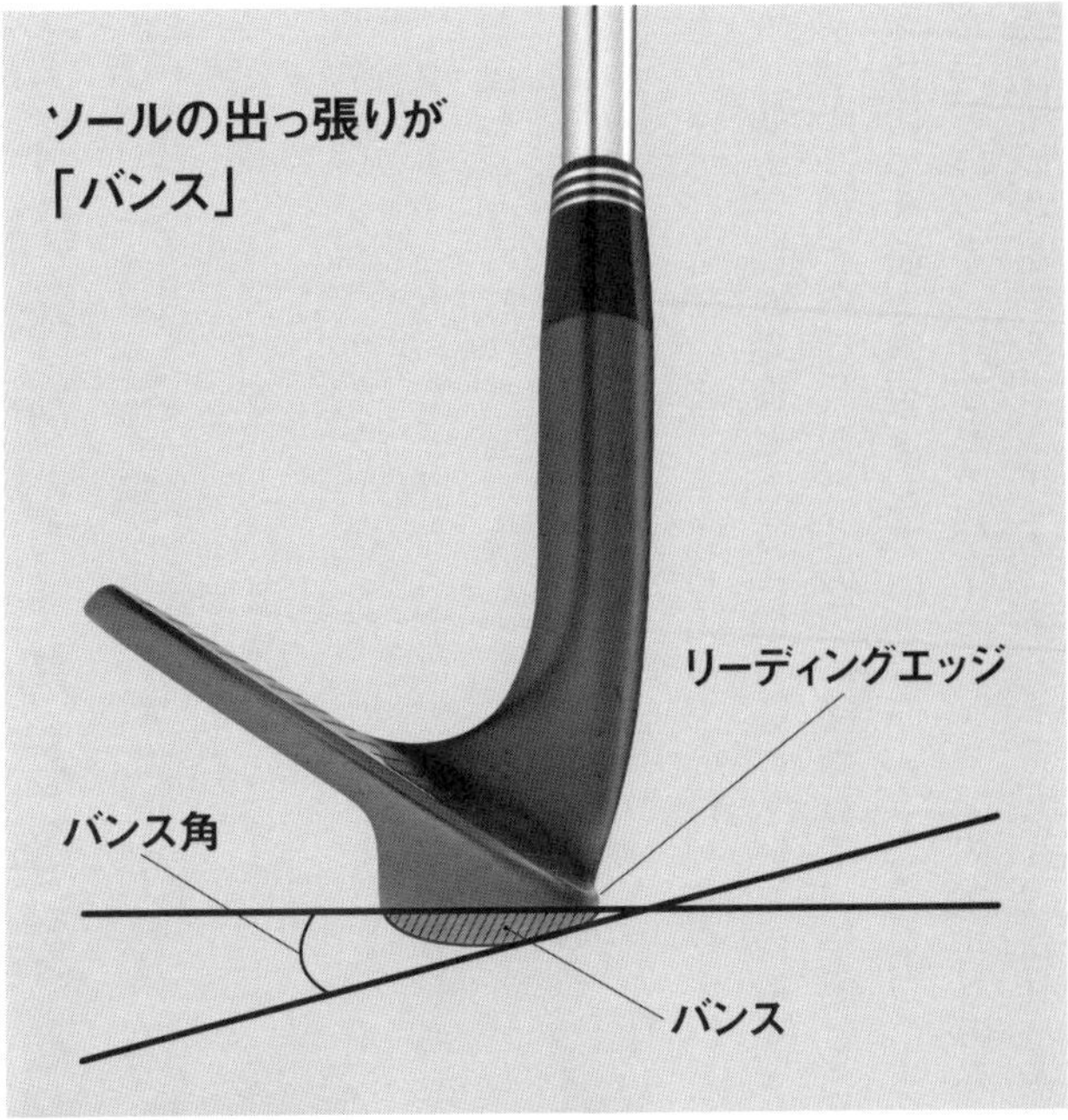

バンスが自分のスイングや打ち方と合っていると、ソールがスムーズに滑って気持ちよく抜け、ダフリなどのミスも防いでくれる。基本的にはバンス角が大きいほうが「やさしい」と考えていいだろう

右手の甲をソールと連動させ地面とどう接触するかを想像する

ウエッジのバンスを生かすためにも、よりレベルの高い技術を身につける土台としても、アプローチにおいてぜひとも磨いてほしい感覚があります。それは、**ウエッジのソールを意識しながら打つ感覚**です。

右手をウエッジのヘッドに見立ててボールを打つイメージを作ったとき、手のひらは自然とフェース面としてイメージでき、フェースを開いたり、ロフトを立てたり寝かしたりと、手のひらでボールをとらえる感覚は持ちやすいと思います。これからは、それに加えて、**手の甲側が地面とどう接触し抜けていくかのイメージも持ってほしい**のです。

ソールのどの部分からどの辺に接地して、地面とどう当たって抜けていくか。この感覚が身につき研ぎ澄まされていくと、ウエッジのソールを使うイメージがどんどん明瞭になっていって、打ち方のバリエーションやヘッドの入れ方などをコントロールする感覚が養われていきます。これは、ウエッジ巧者に必須の感覚と言っていいと思います。

ソールをうまく使えるようになろう

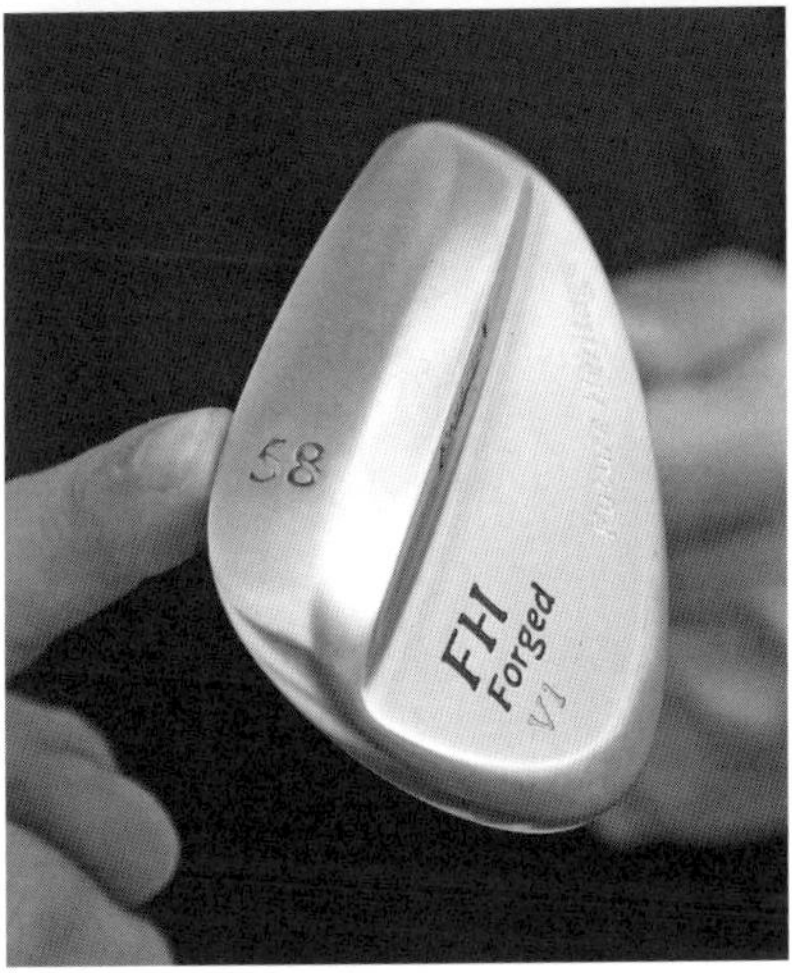

フェース面だけでなく、ウエッジのソールがどこにどのように接地してどう抜けていくかという感覚を研ぎ澄ませたい。右手の甲側をソールと連動させてイメージするのがポイントだ

ヘッドの軌道を想像し「ゾーン」でボールをとらえる

ウエッジの大事なお助け機能であるバンスをうまく使うことは、アプローチ巧者の必須技術であり、**バンスを使ってソールを滑らせる打ち方は、実戦で非常に役立つテクニック**でもあります。

具体的には**ヘッドの入射角をゆるやかにして、手前の芝ごと払い打つ**ような打ち方ですが、インパクトを点にせずゾーンでボールをとらえることで、いい意味でアバウトに打つことができ、大きなミスを減らすことができます。

こういった打ち方では、入射角は1~3度程度のゆるやかなダウンブロー。打ち込む意識はないけれども、決してアッパーではありません。まずは**ヘッドが通る軌道を3次元的に想像し、ヘッドをそのチューブ状の軌跡の中を通すようにスイング**してください。インパクトはあまり意識せず、チューブの中にあるボールにヘッドが「当たってしまう」ようなイメージで、**ヘッドを等速でなめらかに動かすのがポイント**です。

ヘッドの軌道を3次元的にイメージしよう

ゆるやかな
入射角で
とらえる
最下点は
ボールより
ちょっと先

ゆるやかな入射角でボール手前の芝にソールから接地し、ゾーンでボールをとらえることで、バンスの効果を最大限に生かすことができる。ヘッドが通る軌道を3次元的にイメージして、そこをなぞるように振ろう

入射角のコントロールを身につけよう

「払い打つ」ときにも関わってくることですが、**アプローチにおいてヘッドの入射角をコントロールする技術は非常に重要で、ある意味ではアプローチの〝肝〟と言っても過言ではないテクニックです**。

ヘッドを鋭角に上から入れると、ボールをクリーンにとらえやすく、薄いライでもバンスが邪魔にならずに打てます。その代わりバンスのお助け効果が生かされにくいので、少しでもダフるとザックリするリスクがあります。インパクトではロフトが立って打ち出し角は低めになり、バックスピンが多めに入るのが特徴です。

反対にゆるやかな入射角でとらえると、バンスが効いてソールが滑り、芝さえあればダフリにくいですが、薄いライや地面が硬い場所ではバンスが跳ねてしまう場合があります。インパクトではロフトが増えて打ち出し角が増え、バックスピンが減ってフワリとした球が出やすくなります。

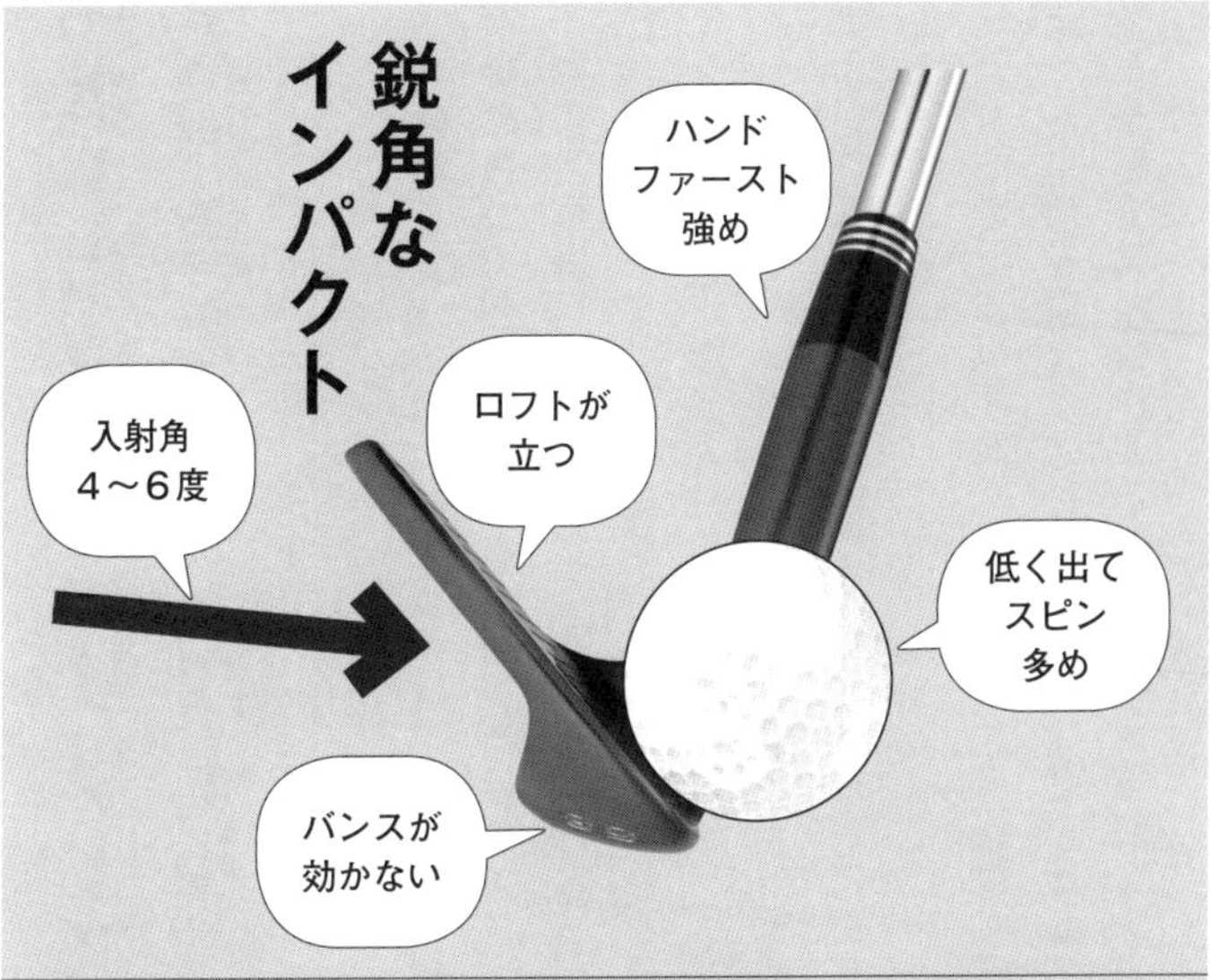
鋭角なインパクト
ハンドファースト強め
ロフトが立つ
入射角4～6度
低く出てスピン多め
バンスが効かない

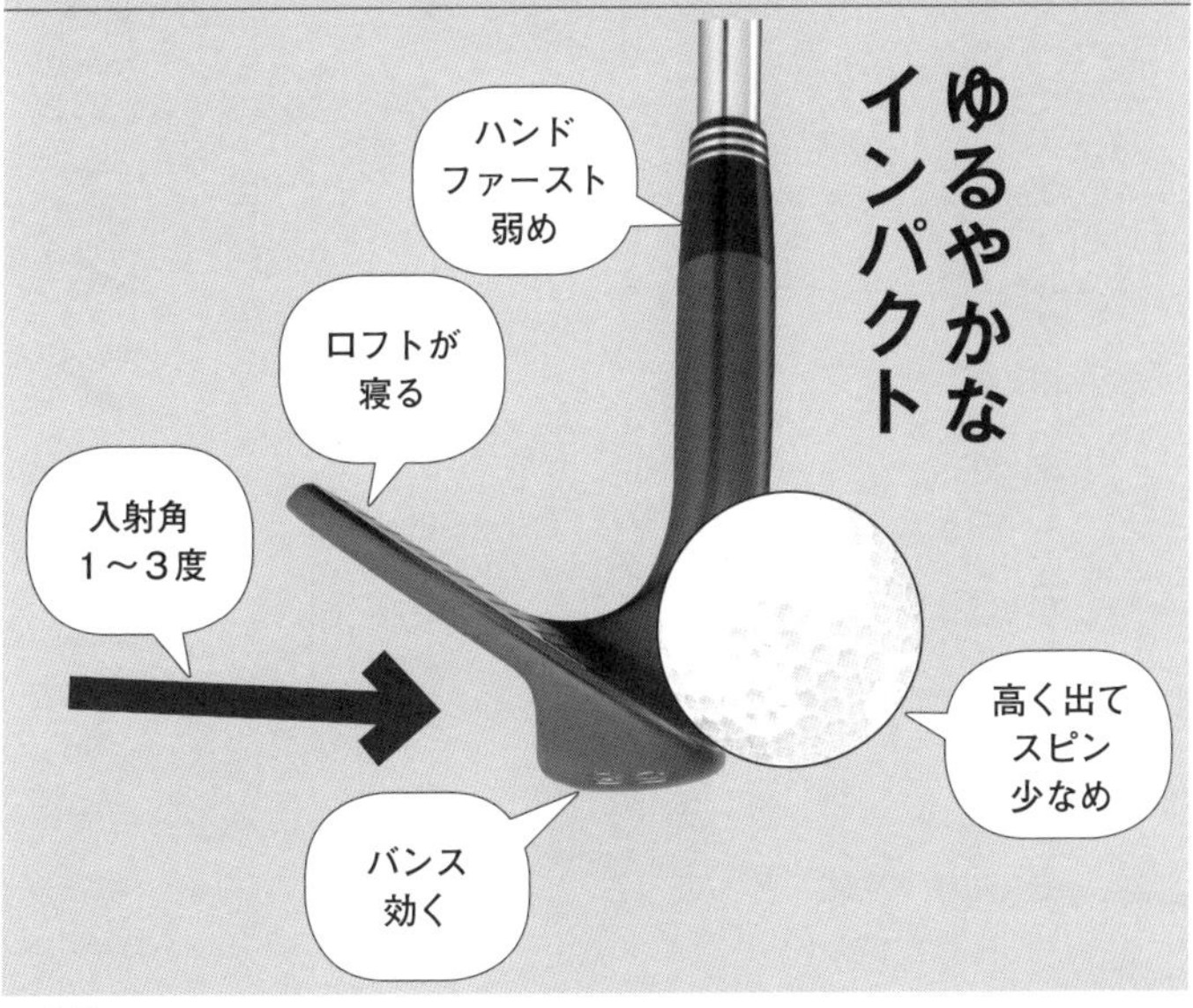
ゆるやかなインパクト
ハンドファースト弱め
ロフトが寝る
入射角1～3度
高く出てスピン少なめ
バンス効く

「ボール位置」「リリース」「スイング軸」で入射角をコントロール

入射角をコントロールするには、ボール位置、クラブのリリースのタイミング、スイング軸の3つの要素を変える必要があります。

ボール位置は、右寄りになればなるほど入射角が鋭角になり、左寄りになればなるほど鈍角になります。リリースのタイミングは、リリースを遅らせて手首のタメをほどかずにインパクトするほど入射角が鋭角になり、反対に早めにリリースして手首をほどき気味にインパクトするほど鈍角になります。またスイング軸は、左寄りの軸でスイングするほどスイング軌道が左に傾いて入射角は鋭角になり、右軸でスイングすると右に傾いて鈍角になります。

これらの要素はそれぞれが入射角に影響しますが、**まずは入射角のイメージに合わせてボール位置を変えるということが土台。そして、そのボール位置に応じたリリースタイミングや軸でスイングするという考え方がシンプルです。**

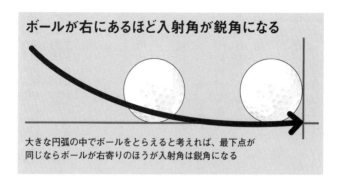

ボールが右にあるほど入射角が鋭角になる

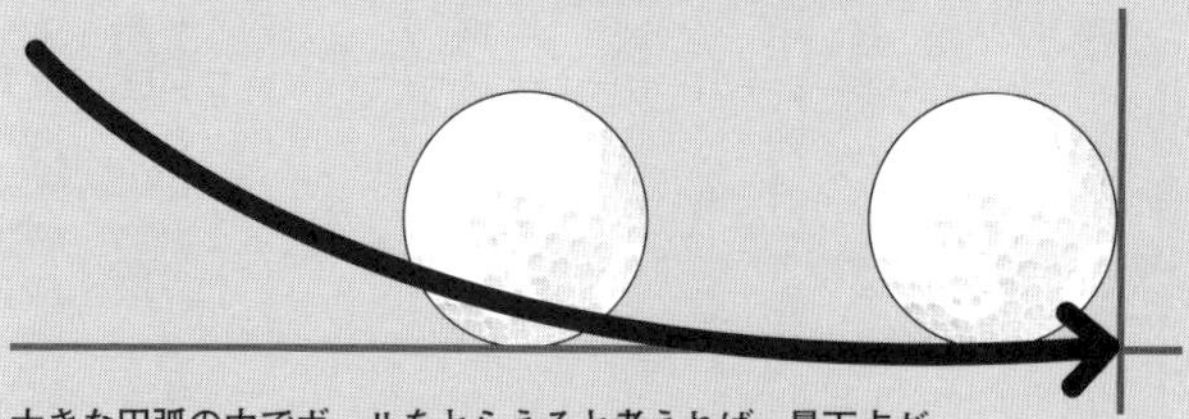

大きな円弧の中でボールをとらえると考えれば、最下点が同じならボールが右寄りのほうが入射角は鋭角になる

鋭角：左寄りの軸でリリースを遅らせる

少し強めの左足体重で軸を左寄りにし、リリースを遅らせてとらえることで、入射角を鋭角にできる

鈍角：右寄りの軸で早めにリリース

左足体重を弱め、リリースを早めにしてボールをとらえることで、入射角を鈍角にすることができる

自分の意図した振り幅を正確に振れるようになろう

そして基本に戻るようですが、アプローチの距離感のコントロールでは、やはり振り幅の管理は重要です。とくにアマチュアゴルファーの多くは、振り幅を自分の意図で正確にコントロールできていない人が多い。たとえば「シャフトが地面と平行になるヘッドが腰から腰の振り幅で打ってください」と言ったときに、本人はその振り幅でスイングしているつもりでも、端から見ると明らかに振り幅が大きいケースがとても多いのです。

まずは**自分で意図した振り幅を正確にスイングできるような、感覚と実際の動きのすり合わせをしてください**。手の振り幅ではなく、クラブのポジションに基準を置き、動画で撮ったり第三者に見てもらうなどして、時計の文字盤で「8時から4時」とか「9時から3時」と、決めた振り幅を正確に振る練習をしてください。そして慣れてきたら「8時から3時」など、左右非対称なケースも練習しましょう。このような意識と動作のマッチングは、距離感の基本であり根幹ですので、疎かにしてはいけません。

意図した振り幅で左右均等にスイング

まずは鏡を見たり動画を撮るなどしながら、自分が決めたクラブポジションに対して正確な振り幅でスイングできるように練習する

左右の大きさを変えてみる

慣れてきたら、バックスイングとフォローの振り幅を変えた左右不均等のスイングでも同様に調節できるようになりたい

減速や急加速せず等速にスイングしよう

距離感を磨くうえで振り幅と並んで重要なのが、スイングスピードのコントロールです。まず一番大事なのは、**ヘッドを減速させながらインパクトを迎えないこと**。減速する動きはゆるみにつながり悪い動きを誘発するうえ、ヘッドに勢いがないのでスピンもかかりませんし、少しでもヘッドが芝に引っかかると大ダフリをします。

かといって、**ダウンスイングで急加速する動きもリキみの元**。手打ちになってリズムを損ないミスヒットしやすくなります。

理想は、**カラダはバックスイングからフィニッシュまでゆるまず等速に動きつつ、ちょっとしたタメやリリースなどでヘッドを走らせることで、わずかにヘッドが加速しながらインパクトする状態**。そのなかでカラダの回転速度を上げたり、少しタメを強めにするなどしてスピードを上げるなどのアレンジをするのです。手を速く振ってスピードを上げようとすると、大きなミスになりやすいので注意してください。

「イチ、ニ」のリズムで 腕とカラダを同調させて動かす

まずはクラブを持たずに腕とカラダの同調を意識しながら「イチ、ニ」のリズムで等速にカラダを回転させるところからスタート

クラブを持っても同じリズムで

クラブを持っても上と同じリズムでスイング。クラブの重さを感じながら、それによって生じるわずかなタメやそのリリースを意識しよう

上から入れて低く抜くスピンアプローチ

ダウンスイングは鋭角に入れ、インパクト後はフェースにボールを乗せてヘッドを低く出していく

高等テクニックではありますが、低く出てスピンでブレーキがかかるプロのようなアプローチについても説明しておきましょう。

この打ち方は、ボールにしっかりスピンをかけるために、**フェースを開いてボールを右に置き、ある程度鋭角な入射角でボールをとらえます。そしてフェースとボールの接触時間が長くなるよう、インパクト後はヘッドを低めに出して押し込んでいく**のが特徴です。

また、スピン量を増やすためにある程度スイングスピードを上げなければなりません

上から入れて低く抜く

が、ただ速く振るというよりは、インパクトでしっかりボールを押して〝圧〟をかける感じが大事です。具体的には、**インパクトで少し手元にブレーキをかけるようにすることで、シャフト軸を中心にフェースがキュッと閉じながらインパクトする**イメージです。このシャフト軸回転のトルクでフェースが閉じる力を使ってボールを押すのがコツ。むずかしいですが練習してみてください。

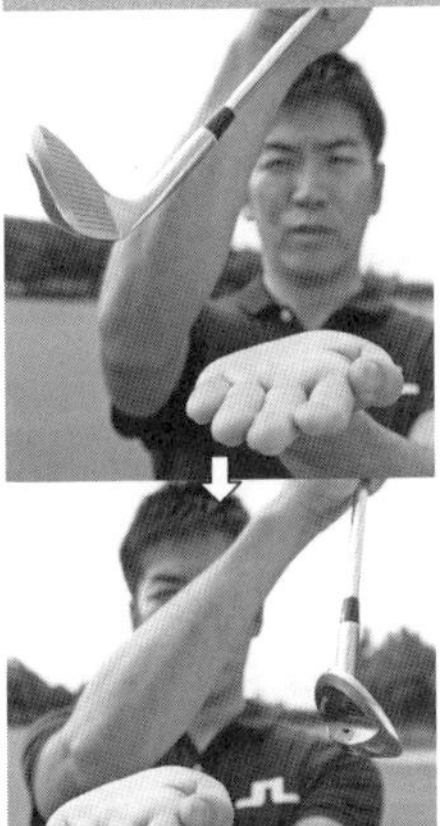

シャフト軸の回転を使ってフェースにボールを乗せて押すイメージ

フェース面を管理する感覚を養おう

アプローチのレベルアップのためにしっかりと身につけておいてほしいもうひとつの感覚が、フェース面の向きのコントロールです。スイング中にフェースがいまどこを向いているかつねに把握しておくこと。これは、アドレスで開いて構えたフェースを、閉じながらボールをつかまえて打つ、もしくは開いたまま抜いてボールを上げるというように、繊細なボールコントロールに不可欠です。

そのためには、まずは目視すること。ダウンスイング以降のスピードのついた状態では目視はむずかしいですが、バックスイングの途中やフィニッシュでは、自分の目でフェースがどこを向いているか確認することができます。**まずはこのときの見えるフェースの向きと自分の感覚がマッチするように、目視しながら練習してください。また、目をつぶってスイングするなどして、フェース面に意識を集中しながらスイングする練習も効果的です。**それが自分の手首の向きなどの感覚と連動するようにトレーニングしましょう。

フェースの向きを目視する

バックスイングやフィニッシュで、フェースがどこを向いているか、
自分の感覚と一致しているかを目で見てチェック

目をつぶって感覚を研ぎ澄ます

目をつぶっても、ヘッドの重心を感じることができれば、
フェースの向きはわかる。この感覚を研ぎ澄ますことも大事

PART 5

ロジカル・バンカーショット

なぜガードバンカーからはクリーンに打たないのか

最終章となるパート5では、多くのアマチュアゴルファーが苦手とするバンカーショットを取り上げたいと思います。

みなさんは、なぜバンカーではボールを直接打たずに砂を打つかおわかりですか？　それは、**バンカーの砂の上というのは、芝の上と違ってボールが浮いていないため、少しでもダフると大きなミスになってしまうから**です。

しかし、フェアウェイバンカーなどでは難なくボールをクリーンに打てるプロゴルファーも、ガードバンカーではほぼ100％砂を打つエクスプロージョンショットをしますよね。プロの技術があるのであれば、ガードバンカーからでも普段のアプローチ同様にクリーンに打てばいいのではないかと思いませんか？

なぜそうしないのか。それはウエッジにバンスがあることと関係があります。ウエッジはアイアンなどよりもバンスが大きいため、砂の上からボールだけをクリーンに打とうと思ったら、ボールをかなり右に置いてハンドファーストを強めにし、鋭角に打ち込む必要があります。しかしガードバンカーはグリーンに近く、ほとんどが30ヤード未満の短い距離からピンを狙います。しかも多くの場合アゴがあるため、ガードバンカーからピンを狙うには高めの球を打ってグリーンに球を止める必要があります。ハンドファーストにクリーンに打ったのでは、これがむずかしいのです。

しかも、フルショットできるフェアウェイバンカーと違って、ガードバンカーから短い距離をグリーンに打とうとすると振り幅が小さくなり、ヘッドスピードも低いため、ちょっと砂を噛んだときのミスが非常に大きなものになってしまいます。

エクスプロージョンショットはその真逆です。まず**フェースを開くことでロフトが増えて球が上がりやすくなることに加え、バンスが出るためダフリやすくなり、「確実にダフれる」という意味でインパクトが安定します**。そして砂の抵抗を織り込み済みでスイングするので、30ヤード以下の距離でもフルショット並みに大きく振れ、ヘッドスピードを上げられます。ヘッドスピードが上がるということは、インパクトの誤差がミスになりにくいうえ、バックスピンもかかってボールも止まりやすい。つまり、**飛距離は出せない代わりに、砂の上からかなり安全に、グリーンに球を止められる**のです。

ヘッドがボールの真下まで届くインパクト

では、バンカーからボールをクリーンに打たず、砂ごと飛ばすエクスプロージョンショットは、どうやって打てばいいのか。どうスイングするかを考える前に、まずどうインパクトするかを考えましょう。

砂とボールを一緒に飛ばすためには、ヘッドがボールの真下まで潜り込んだ図1のようなインパクトが必要です。ウエッジをバンスから適正な入射角で接地させることができれば、バンスの効果でヘッドは潜りすぎず、ボールの下まで達したあとスムーズに抜けていき、砂とボールを前に飛ばしてくれます。

しかし、入射角が鋭角すぎるとバンスが効かずにリーディングエッジからヘッドが砂に潜ってしまい、砂とボールは前に飛びません。反対にアッパー軌道になってしまうと、ヘッドが砂に潜らず、跳ねてしまってホームランなどのミスになります。

まずはこのインパクトを正しくイメージしてください。

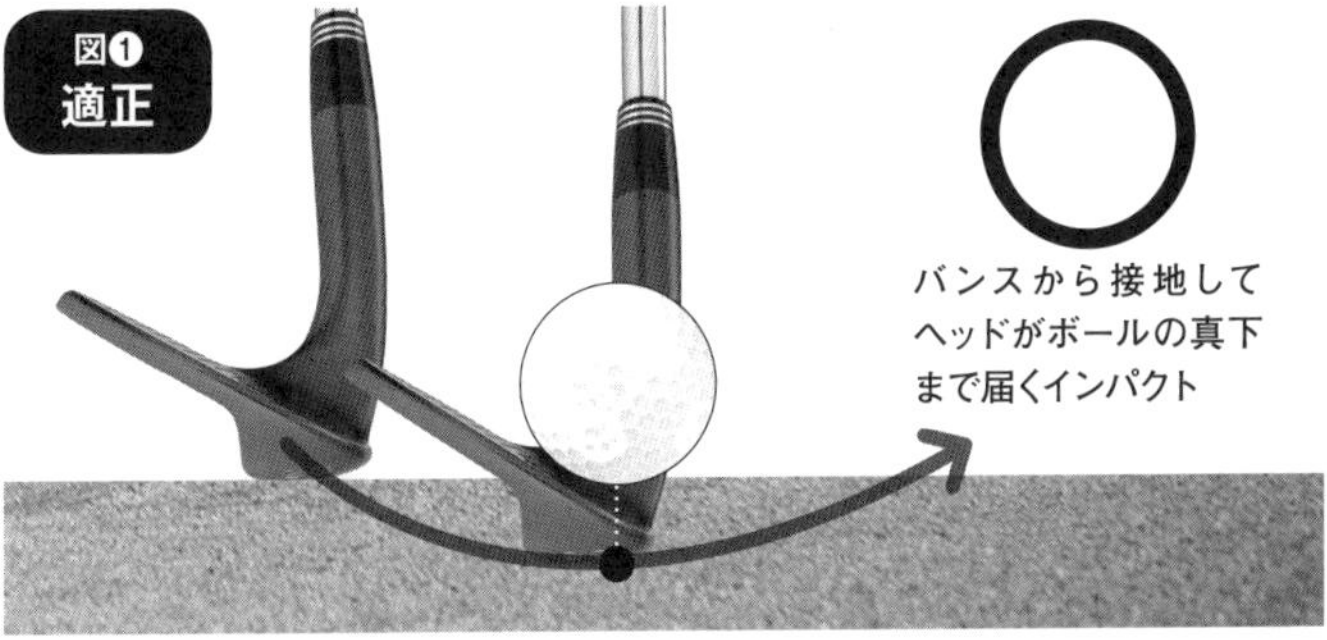
図❶
適正
○
バンスから接地して
ヘッドがボールの真下
まで届くインパクト

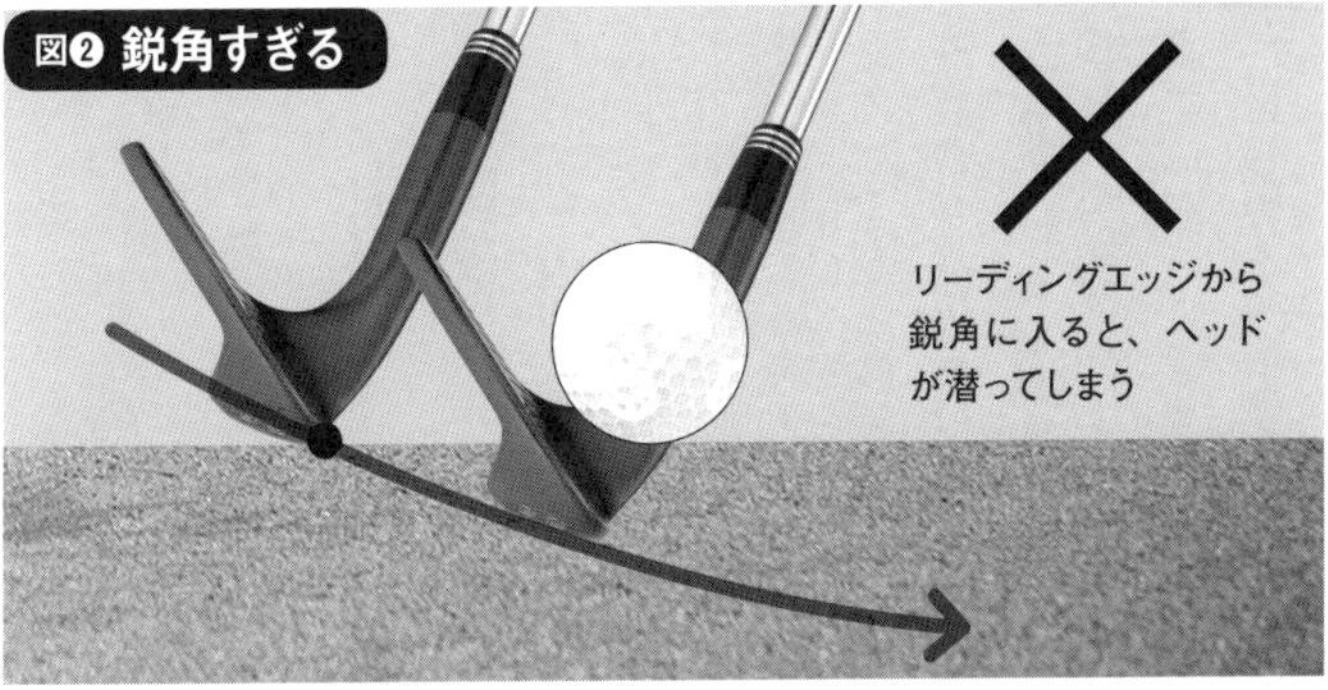
図❷ 鋭角すぎる
×
リーディングエッジから
鋭角に入ると、ヘッド
が潜ってしまう

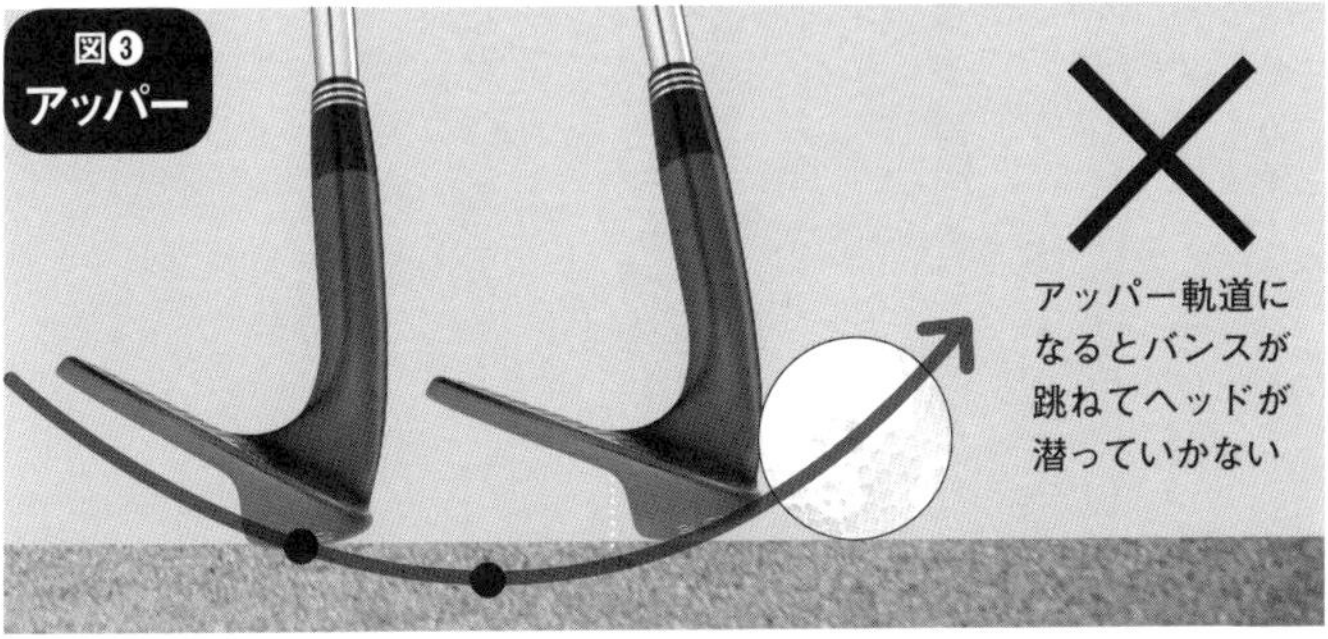
図❸
アッパー
×
アッパー軌道に
なるとバンスが
跳ねてヘッドが
潜っていかない

「打ち込む」インパクトを正しくイメージしよう

先ほどの図を見ていただければ、従来のバンカーレッスンで「ダウンブロー」とか「打ち込む」などと言われてきた理由と、その問題点がわかります。

図1のように**ヘッドがボールの真下まで届くためには、ソールが砂に接地した瞬間はヘッドはまだ下降軌道にあります。その意味ではダウンブローな状態で砂を打つ**のは事実です。しかし、軌道自体を左に傾けてダウンブローを強調し打ち込みすぎてしまうと、図2のようにヘッドはリーディングエッジから砂に刺さってしまいます。

また、**ヘッドをボールの下まで届かせなければならず、最下点が普段よりもかなり深い位置に来るという意味でも、「打ち込む」のは事実**です。しかしこれも同様に「打ち込む」という言葉に引っ張られすぎてボール位置を右にしたりスイング軌道自体を鋭角にしてしまうと、同じようなミスになります。バンカー苦手を克服するためには、言葉に引っ張られずに、事実をしっかりと見て、正しいイメージを養うことが大事かもしれません。

ヘッドをボールの下まで「打ち込む」

スイングの最下点がボールの真下になるように、ゆるやかな入射角で「打ち込む」（上）。入射角を鋭角にして「打ち込む」と、スイングの最下点はボールよりかなり前に来てロフトも立ち、ヘッドが潜りすぎる（下）

フェースを開いてバンスを出しハンドレイト気味に打とう

バンカーショットでは、ボールの手前にヘッドを接地させやすいよう**普段よりボールを少し左に置き、クラブのエネルギーを生かせるようにグリップを長く持ちます。そしてバンスを効かせやすいように、フェースを開いて構えてください。**

ソールを滑らせるアプローチ同様、バンスを使ってスイングすることが大事なので、必要以上に打ち込まず、ゆるやかな入射角でボールの5～6センチ手前にソールが接地するイメージでいいでしょう。とくにカットに振る必要もないので、**スクエアスタンスで構え、イン・トゥ・インにスイング**してください。

スイングで大事なのは、**手首を早めにリリースして、ややハンドレイト気味にインパクトする感覚**です。ただし、リキんで手首がほどけてしまうのではなく、ヘッドを先行させて走らせることで、砂の抵抗に負けないように振り抜くことが大事。ゆるやかな「U」字の軌道のなかで、最下点がボールの下に届くように振り抜きましょう。

クラブを長く持ってフェースを開く

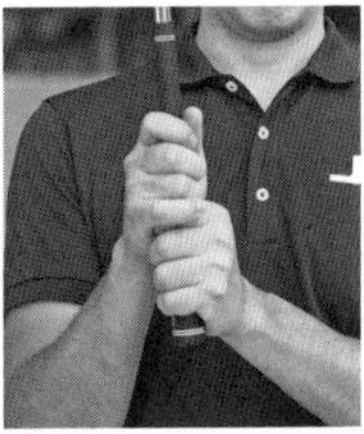

バンスが効いて球が上がりやすいようにフェースを開いて構え、クラブの運動量が大きくなるようにグリップを長く持つのがポイント

手首を使ってヘッドを走らせる

手首を使ってヘッドのリリースを早めつつ、ヘッドを走らせてボールの下をくぐらせるようにスイング

フェースを開いたまま閉じずにスイングすることが大事

砂が硬いときはハンドファーストに打ち込む

実はバンカーショットには、もうひとつ打ち方のバリエーションがあります。それは、先ほど説明**した基本のスイングではボールの下までヘッドを届かせられないときに使う打ち方**です。砂が硬いときや砂の少ないバンカー、目玉などの状況で必要になります。

普通にバンカーショットしたのでは、バンスが弾かれて砂に潜っていかない場合の打ち方なので、考え方はまったく逆。**リーディングエッジからヘッドを砂に潜らせて、砂とボールをえぐり出すようなイメージ**です。

ですので、**ボールを右寄りに置いて、フェースは開かずハンドファーストに構えます。スイングは、手首のリリースを遅らせて、カット軌道で上から打ち込みます。**そのためヘッドが砂に接地する位置は通常よりもボールに近くなり、ヘッドも深く砂に潜っていくということを意識しましょう。この打ち方は、通常のバンカーショットよりもボールが上がりにくいということは忘れないでください。

ボールを右に置いてハンドファースト

通常よりもボールを右に置いて左足体重で構え、そのぶんハンドファーストにしてリーディングエッジから打ち込みやすい構えを作る

強いインパクトで鋭角に打ち込む

ダウンスイングで少しタメを作ってリーディングエッジから鋭角に打ち込む。普通の砂ならヘッドが潜ってしまうが、砂が硬いときに使う打ち方なので、適度にヘッドが弾かれて砂とボールを飛ばすことができる

ヘッドをどれだけ潜らせたいかで打ち方をアレンジする

ひとつめのバンスから接地させる基本の打ち方と、２つめの刃から打ち込む打ち方は、まったく別の打ち方のようですが、実はつながっていてヘッドを砂に潜らせて打つうえで、その深度を浅くするか深くするかを調節するアレンジなのです。

そのため、左ページの図のように、ボールが埋まっていてヘッドを深く潜らせなければならない目玉などでは、２つめの打ち方を極端にすればよく、反対に砂がフカフカで打ち込んだらヘッドが潜ってしまうときはひとつめの打ち方を極端にする。砂が少し硬そうだと思ったら、ひとつめの打ち方より少しだけフェースの開きを抑えて打ち込み気味にするという微調整をすることが大事です。

これらはすべて連動しているので、「フェースをかぶせてボールは左」などというチグハグな状態はミスの元ですが、「フェースだけ大きめに開く」とか「ボール位置をちょっと右寄り」などといったアレンジで微調整することがナイスアウトの秘けつです。

「抜く」と「打ち込む」は対極にある

ヘッドを
深く潜らせる
ヘッドを
浅く潜らせる

ライ	目玉	砂が硬い	普通	フカフカ
フェース	かぶせる	スクエア		開く
入射角	鋭角			鈍角
軌道	アウトサイド・イン		イン・トゥ・イン	インサイド・アウト
ボール位置	右	センター		左

いろいろな要素が相互に連動し合って、ヘッドの潜り具合が変わる。これらをうまくアレンジして状況に合った最適解を見つけるのがナイスアウトの秘けつ

ヘッドの潜らせ方による入射角や軌道の違い

打ち方	ヘッド軌道	入射角
浅く潜らせる	-10.1度	-1.1度
深く潜らせる	-5.3度	-2.9度

あくまで参考値だが、打ち方を変えれば入射角もヘッド軌道も大きく変わるということを自覚してスイングをアレンジしよう

距離の打ち分けはボールとの距離で行う

バンカーショットでは、振り幅を抑えてしまうとヘッドスピードが下がりすぎ、うまく脱出できなくなってしまうので、距離感を振り幅で調節できません。

では何で距離感を調節すればいいのかと言うと、アドレスでのボールとカラダの距離。簡単に言えば、ボールから遠く立つほどボールは飛ばなくなり、ボールに近く立つほど飛距離が出しやすくなります。

もちろんこれは、ボールとカラダの距離に合わせてアドレス全体をアレンジすることが大事。ボールとの距離が変わればクラブのライ角が変わり、それによってクラブのロフトや軌道が変わるのが飛距離が変わる仕組みです。**遠く立つほど重心を下げてハンドダウンに構え、フェースを開いてフラットにスイングする。近く立ったときはその反対です。**

実際にはアドレスに加えて、力感やスイングのスピードも変わりますが、そちらが主体にならないように注意してください。

飛ばしたいときはボールに近く立つ

アドレス

重心を高くしハンドアップに構えることでボールに近づくと、フェースが開きにくくなりロフトが減る

スイング

クラブがアップライトになるぶん、スイングも縦振りのイメージで砂とボールを前に飛ばそう

飛ばしたくないときはボールから遠く立つ

アドレス

重心を下げてハンドダウンに構え、ボールから遠ざかると、クラブがフラットになってフェースを開きやすくなる

スイング

スイング軌道もフラットに、イン・トゥ・インのイメージで振って、ヘッドをボールの下をくぐらせるイメージ

おわりに

ここまでアプローチについて細かく説明してきましたし、「まずは理論、仕組みを理解することが大事」と繰り返し述べてきましたが、残念ながらアプローチは本を読むだけではうまくなれません。「型」を身につけ再現性を高めるためにも、その先の「感性」を磨くためにも、たくさんの球数を打つことが非常に重要です。その意味では、素振りでかなりの部分をカバーできるショット以上に、ボールを打つ練習や実戦の経験が大きく影響する技術だと言えます。

「型」を身につけて再現性を高めることは、練習場の人工芝のマットからでも可能です。アプローチに苦手意識のある方は、まずはこのプロセスをがんばってやってみてください。普段、練習場で打つ球数のなかのアプローチの比率を増やしてください。それだけで、かなりの改善が期待できるはずです。

そして、芝の上、砂の上からボールを打つ練習の機会を作ってください。実際の距離感やヘッドの入り方、ソールの接地感などのイメージは、人工芝のマットの上では残念ながら身につきません。バンカーショットも同様です。

芝の上からのアプローチ練習は、遊び感覚でかまいません。いろいろな状況からいろいろな距離を打ってみたり、わざとむずかしい状況を作ったり、反対にやさしい状況からチップインを狙うなど、とにかく芝の上、砂の上から打つ経験を増やしてください。大事なのは、楽しむことと、考えながら練習すること。「ここからこうやって打ったらどうなるかな?」「ここから寄せるには、どうすればいいんだろう?」。遊び心を持ちながら、1打1打に意味を持たせて練習すれば、その経験が自然と「感性」を磨いてくれます。

本書がそのためのマニュアルとして、みなさんの役に立ってくれれば幸いです。

最後になりますが、本書の出版・執筆に際しご尽力いただいた、実業之日本社の石川祐一さん、ライターの鈴木康介さん、カメラマンの小林司さんに篤く御礼申し上げます。また、撮影にご協力くださった取手桜が丘ゴルフクラブさま、試打クラブをお借りしたフォーティーンさま、計測器をお借りしたトラックマンさまにも、この場を借りて謝辞申し上げます。ありがとうございました。

2018年9月 吉田洋一郎

著　者　**吉田洋一郎**（よしだ・ひろいちろう）

ゴルフスイング・コンサルタント
世界の最新理論に精通するゴルフスイング・コンサルタント。世界屈指のコーチであるデビッド・レッドベターのレッスンメソッドを学んだ後、5年間で30回以上の海外視察を行い、米PGAのプレーヤーを指導する80名以上のインストラクターから直接指導を受ける。その他に著名なゴルフ指導者200名以上の講義を受け、21のゴルフ理論の資格を持つ。ツアープロ、シングルプレーヤーを中心に、多くのゴルファーを指導するかたわら、メディアで活躍。パッティングレッスンに一石を投じた『ロジカル・パッティング』（実業之日本社刊）ほか著書多数。JGSI主催。1978年生まれ、北海道出身。

Waggle GOLF BOOK

ワッグルゴルフブック

ロジカル・アプローチ

2018年9月5日　初版第1刷発行

著　者……………吉田洋一郎
発行者……………岩野裕一
発行所……………株式会社実業之日本社
〒153-0044 東京都目黒区大橋1-5-1 クロスエアタワー8階
電話（編集）03-6809-0452
（販売）03-6809-0495
ホームページ………http://www.j-n.co.jp/
印刷・製本…………大日本印刷株式会社

ISBN978-4-408-33789-0（第一スポーツ）